THÈSE

POUR

LE DOCTORAT,

SOUTENUE

PAR JULES HARDOIN,

Avocat à la Cour Impériale de Paris,

LE 17 MARS 1853.

PARIS,

IMPRIMÉ PAR HENRI ET CHARLES NOBLET,

56, rue Saint-Dominique.

1853

THÈSE

POUR

LE DOCTORAT,

SOUTENUE

PAR JULES HARDOIN,

Avocat à la Cour Impériale de Paris,

LE 17 MARS 1853.

PARIS,

IMPRIMÉ PAR HENRI ET CHARLES NOBLET,

56, rue Saint-Dominique.

1853

DROIT FRANÇAIS.

PURGE DES HYPOTHÈQUES.

DROIT ROMAIN.

DU DROIT DE PRÉFÉRENCE ENTRE CRÉANCIERS HYPOTHÉCAIRES.

DROIT FRANÇAIS.

AVANT-PROPOS.

L'effet ordinaire d'une obligation est de faire naître contre celui qui l'a contractée un moyen de contrainte légale qui en assure l'exécution ; c'est ainsi que tout créancier a le droit d'agir contre son débiteur, de le forcer, par toutes les voies de droit, d'accomplir sa promesse, et particulièrement, lorsqu'il s'agit d'une obligation pécuniaire, de faire vendre ses biens et de se faire payer sur leur prix.

Mais si telle est la règle générale, si tous les créanciers d'un débiteur jouissent du même droit commun, il en est parmi eux que la loi traite d'une manière toute exceptionnelle, qu'elle distingue entre la foule de leurs co-créanciers, et auxquels elle accorde, non plus seulement un droit sur toute la fortune de leur débiteur, mais un gage spécial destiné à assurer l'acquittement de leur créance.

De tous les ressorts du crédit, public ou

privé, le plus puissant est assurément ce droit d'hypothèque, en vertu duquel un créancier, sans avoir la propriété d'un bien, jouit cependant de la faculté d'en poursuivre la vente, d'en toucher le prix, et cela non-seulement tant que ce bien est demeuré dans le patrimoine de son débiteur, mais encore au-delà, au mépris des aliénations que celui-ci peut en avoir consenties, et quelles que soient les mains entre lesquelles il se trouve.

Aussi ne devons-nous pas nous étonner que l'existence de ce droit hypothécaire remonte aux plus hautes antiquités juridiques; seulement nous le trouvons à son origine encore bien imparfait, et tous les travaux législatifs qui se sont succédés depuis les lois romaines ont porté, en partie du moins, sur la limitation de ce droit, sur son appropriation à toutes les exigences du crédit. C'est ainsi que l'hypothèque, occulte à son origine, a été, à la suite de nombreux essais, soumise à une inscription qui, en la rendant publique, donne la mesure la plus exacte de la confiance que tout créancier peut accorder aux promesses et aux ressources de son débiteur, et met fin, en même temps, à toutes les contestations qui devaient s'élever autrefois entre les créanciers hypothécaires, quand il s'agissait de déterminer l'époque à laquelle leurs hypothèques leur avaient été concédées.

C'est ainsi que le droit attribué au créancier de suivre l'immeuble hors du patrimoine de son débiteur entre les mains de ceux qui pouvaient l'avoir acquis à quelque titre que ce fût, ce droit qui faisait la plus grande force de l'hypothèque, fut enfin modifié par la création d'une faculté nouvelle, accordée au tiers acquéreur qui voudrait se soustraire à ce danger, toujours imminent, d'expropriation.

Tant que cet acquéreur n'eut aucune digue à opposer à la toute-puissance du droit de suite, les transactions commerciales, la circulation des biens en furent nécessairement arrêtées, mais les tendances de nos législations modernes firent une nécessité au législateur d'enlever tout obstacle à la vente et au fractionnement des immeubles; il dut, tout en respectant le droit des créanciers, assurer la sécurité de l'acheteur; et c'est à ce résultat que parvint, après de longs tâtonnements, l'ordonnance de 1771, dont les dispositions, encore bien défectueuses, ont été complétées et corrigées par notre Code civil.

HISTORIQUE.

1°. Pour découvrir les origines de la purge, nous devons, comme pour la plupart de nos institutions juridiques, remonter aux lois romaines. Seulement, sur cette matière, les sources ne sont pas abondantes ; c'est à peine si nous rencontrons çà et là, dans les jurisconsultes romains, quelques formalités dont le résultat, conduisant à l'extinction de certaines hypothèques, peut être comparé à celui que nous atteignons aujourd'hui par la purge.

Ainsi, dans la loi 6 au Code, *De remissione pignoris*, nous voyons que l'adjudication sur expropriation éteint les hypothèques : « *Si eo*
« *tempore quo prædium distrahebatur, program-*
« *mate admoniti creditores cum presentes essent,*
« *jus suum executi non sunt, possunt videri*
« *obligationem pignoris amisisse.*

Cela tient à la solennité dont on entourait les ventes faites par autorité de justice, à la publicité dont on les accompagnait, et aux garanties qu'elles présentaient aux créanciers hypothécaires pour que le prix des objets vendus montât aussi haut que possible. On ne voulait pas, du reste, par respect même pour ce mode de vente, que l'acquéreur pût désormais être troublé dans sa propriété, loi 8 au Code, *De remissione pignoris :* — « *Fiscalis hastæ fides,* « *facile convelli non debet.* » Et Godefroy, commentant ces passages, nous dit : « *Si pignus* « *publice proscribitur vel subhastatur, creditore* « *presente et tacente, jus pignoris remittere in-* « *telligitur.* »

Tels sont, à peu près, les seuls passages où nous trouvions que l'hypothèque s'éteignît par une formalité de procédure, par une vente opérée d'une certaine manière. Au titre *Quibus modis hypotheca solvitur*, nous ne rencontrons rien qui ressemble à notre purge, Il faut donc en conclure que, dans le droit romain, tout créancier hypothécaire conservait, jusqu'à l'acquittement de sa dette, un droit réel sur la chose de son débiteur, pouvait la faire vendre s'il en avait la possession, ou la réclamer pour la vendre ensuite, si cette chose n'était pas entre ses mains; ce droit était absolu et ne souffrait d'autre exception que celle dont nous venons de parler, en cas de vente publique, *sub hastâ fiscali*.

2°. La purge nous semble donc venir de notre droit; c'est une idée toute française, et qui fut suggérée à nos législateurs par la multiplicité des ventes et des opérations commerciales.

Et cela est si vrai, qu'avant d'arriver à l'idée nette de notre purge actuelle, on chercha à recueillir les mêmes avantages qu'elle procure aujourd'hui, au moyen de subterfuges et d'opérations simulées. Notre ancien droit avait conservé du droit romain le seul principe que nous ayons signalé tout à l'heure sur cette matière, à savoir, que la vente en justice d'un bien hypothéqué éteignait toutes les hypothèques préexistantes sur ce bien; aussi admettait-on chez nous que le décret forcé, c'est-à-dire « la sai« sie réelle et adjudication, par décret, d'un « immeuble vendu en justice, à la requête d'un « créancier, » « *nettoyait toutes les hypothè« ques,* » suivant l'expression de Loysel.

Quand la vente, au contraire, était volontaire, cette extinction des hypothèques n'avait pas lieu; mais, pour y arriver, on simulait une expropriation forcée. Le tiers acquéreur qui voulait parvenir à la libération de son immeuble, souscrivait, au profit d'un tiers, une obligation, obligation fictive, car, par une contre-lettre, ce tiers renonçait à tous les droits que son titre apparent de créancier pouvait lui conférer; néanmoins, il poursuivait l'immeuble de son débiteur, le faisait vendre sur décret forcé; mais cette vente n'avait rien de sérieux. Le tiers acquéreur se rendait adjudicataire de son propre immeuble, et ce détour ingénieux le conduisait au moins à l'extinction des hypothèques qui grevaient son immeuble.

Tel est le décret volontaire qui, par une convention spéciale, venait se joindre à presque tous les contrats de vente un peu importants, et qui, dit Loyseau, « sert d'un très-utile expé- « dient pour purger les hypothèques. »

Le résultat était atteint, mais le moyen était mauvais : d'abord, c'était une supercherie, et ensuite les frais étaient tellement considérables, qu'ils absorbaient souvent la valeur des immeubles.

3°. Un édit de Louis XV, de 1771, supprima enfin les décrets volontaires, et introduisit dans nos lois les lettres de ratification, dont les principaux avantages sont d'économiser les lenteurs du décret volontaire, de diminuer les frais de procédure, et de permettre ainsi d'effacer les hypothèques, même sur les immeubles de la plus mince valeur.

Cet édit oblige tout acquéreur d'un bien qui veut purger les hypothèques préexistantes sur ce bien, à prendre des lettres de ratification; ces biens dont parle l'édit sont les immeubles. Il n'était pas, en effet, besoin d'accorder aux acquéreurs de meubles le droit d'effacer les hypothèques qui auraient pu peser sur eux ; car, même dans les coutumes où les meubles pouvaient être hypothéqués, la règle d'après laquelle : « les meubles n'ont pas de suite par hypothèque, » était toujours en vigueur (1). L'article 8 de l'édit de 1771 nous enseigne par quelles formalités l'acquéreur d'un bien peut parvenir à l'obtention des lettres de ratification ; ces moyens ressemblent assez à une partie des formalités édictées par notre Code civil pour la purge légale : « Sera tenu l'acquéreur, « avant le sceau desdites lettres de ratification, « de déposer au greffe du bailliage ou séné- « chaussée dans le ressort duquel seront situés « les héritages vendus, le contrat de vente « d'iceux ; comme aussi le greffier dudit bail- « liage ou sénéchaussée sera tenu, dans les trois « jours dudit dépôt, d'insérer dans un tableau « qui sera, à cet effet, placé dans l'auditoire, « un extrait dudit contrat, quant à la transla- « tion de propriété seulement, prix et condition « d'icelle, lequel restera exposé pendant deux « mois, et avant l'expiration desquels ne pour- « ront être obtenues aucunes lettres de ratifica- « tion. »

(1) Voir les articles 6 et 7 de l'édit de 1771.

Pendant ce délai de deux mois, les créanciers hypothécaires devaient former une opposition aux sceaux afin de conserver leurs hypothèques et privilèges sur l'immeuble vendu; ces oppositions se formaient par un exploit adressé au conservateur des hypothèques, car ces nouvelles fonctions étaient aussi créées par l'article 2 de notre édit.

Enfin l'article 9 établissait au profit des créanciers un droit particulier de surenchère qu'ils devaient exercer dans les deux mois que durait l'exposition du contrat de vente aux greffes des bailliages et sénéchaussées. C'est là ce qui constitue l'essence de la purge, et assure les droits des créanciers, en les mettant à l'abri d'une aliénation faite à trop bas prix par leur débiteur. La première surenchère devait être d'un dixième au moins, et les enchères subséquentes d'un vingtième.

Dans le cas où ce droit de surenchérir avait été exercé par les créanciers, alors naissait un autre droit au profit du tiers acquéreur; c'était le droit de parfournir, c'est-à-dire le droit de garder l'immeuble qui lui avait été vendu, en payant aux créanciers le montant de leurs surenchères. En effet, c'est leur abandonner le prix qu'ils regardent eux-mêmes comme représentant la valeur réelle de l'immeuble, c'est par conséquent les désintéresser, et leur enlever toute raison de se plaindre.

Bien entendu que le tiers détenteur qui parfournit, peut répéter contre son vendeur tout ce qu'il est obligé de débourser outre le prix convenu entre eux deux. Que s'il préférait, au contraire, ne pas faire cette avance, ne pas parfournir et délaisser l'immeuble, la propriété passait par suite de l'adjudication au dernier enchérisseur ; mais celui-ci, qui avait fait une offre de surenchère toute volontaire, n'avait pas de recours contre le vendeur primitif, car il n'avait payé en définitive que la valeur réelle de l'immeuble, et il était parfaitement libre de ne pas faire cette surenchère.

Si, dans les délais voulus, aucune opposition n'était formée de la part des créanciers, ou si le tiers acquéreur obtenait amiablement, judiciairement même, main-levée des oppositions qui avaient été formées, les lettres de ratification étaient accordées dans la forme la plus simple. Nous donnons même en note un exemple de ces lettres de ratification (1).

(1) *Forme d'une lettre de ratification.*

Louis, par la grâce de Dieu, roi de France et de Navarre, à tous ceux qui ces présentes lettres verront, salut. *Tel* nous a fait exposer que par *tel* titre il a acquis *tel* immeuble situé

Mais s'il subsiste des oppositions, il en est fait mention dans les lettres de ratification qui sont délivrées à l'acquéreur, et l'immeuble n'est déchargé des hypothèques, maintenues sur lui au moyen de ces oppositions, qu'après la distribution du prix faite aux créanciers opposants, suivant leur ordre.

Du reste, un passage de M. Troplong nous

en *tel* endroit, pour en jouir en toute propriété, ses hoirs et ayans-cause, comme de chose à lui appartenante, à compter du... lequel immeuble appartenait à... ainsi qu'il est plus au long énoncé en... et pour, par l'exposant, jouir dudit immeuble, s'en mettre en possession et purger les privilèges et hypothèques. Suivant et conformément à l'édit du mois de juin 1771, nous a très-humblement fait supplier lui accorder nos lettres sur ce nécessaires ; à ces causes, de l'avis de notre conseil qui a vu ledit titre et autres pièces, ci-attachées sous le contre-scel de notre chancellerie, nous avons ratifié ledit titre. Voulons qu'il soit exécuté selon sa forme et teneur : ce faisant, que ledit exposant, ses hoirs et ayans-cause soient et demeurent propriétaires incommutables dudit immeuble, circonstances et dépendances, en jouissent et disposent comme de chose à eux appartenante, purgée de tous privilèges et hypothèques, suivant et conformément à notre édit du mois de juin 1771. Mandons à nos amés conseillers en notre siège de... qu'ils aient à faire jouir ledit exposant de l'effet des présentes : car tel est notre plaisir. En témoin de quoi nous avons fait mettre notre scel à ces présentes.

Données à... le... l'an de grâce... et de notre règne le...

semble résumer d'une manière suffisamment claire et précise le système de cet édit; il est ainsi conçu : « L'édit de Louis XV substitua à « la formalité des décrets volontaires celle des « lettres de ratification, qui purgeaient les im- « meubles des hypothèques dont ils étaient gre- « vés. L'acquéreur exposait publiquement son « titre d'acquisition ; les créanciers du ven- « deur devaient se faire connaître, et former « opposition aux lettres de ratification ; ils pou- « vaient requérir la surenchère pour éviter les « fraudes. Ils étaient payés sur le prix par or- « dre de leurs privilèges et hypothèques.

« S'il n'y avait pas d'opposition dans le dé- « lai fixé, les lettres de ratification étaient scel- « lées purement et simplement, et l'immeuble « purgé. » Troplong, *Priv. et hyp.*, n° 563.

Telle est la théorie des lettres de ratification, dont bien des dispositions subsistent encore de nos jours. Assurément elles étaient d'une grande utilité, mais présentaient encore de grands inconvénients, particulièrement celui de ne pas rendre les hypothèques publiques; car, comme dit Grenier : « Les prêteurs ne « se connaissaient pour la première fois qu'à « l'ordre, et c'était seulement alors que plusieurs « acquéraient la fâcheuse certitude qu'ils avaient « été victimes d'une fausse sécurité, et qu'ils

« avaient prêté sans espoir d'être remboursés. » (Discours prél., p. 26.)

4°. C'est ce système de publicité que la loi du 11 brumaire an VII inaugura sur de vastes bases. D'après les articles 26 et 28 de cette loi, tout acquéreur volontaire d'un bien susceptible d'être hypothéqué devait faire transcrire son titre d'acquisition. Cette transcription n'était pas alors une formalité conduisant à l'extinction des hypothèques, c'était un mode translatif de propriété.

Quand un débiteur vendait un des immeubles sur lesquels il avait consenti des hypothèques, il était à la vérité immédiatement privé de la propriété de son fonds par le seul effet du contrat; mais, d'un autre côté, les créanciers hypothécaires n'étaient pas déchus, par le seul fait de la vente, du droit de prendre inscription sur cet immeuble, ils le conservaient jusqu'au moment où l'acquéreur, faisant transcrire son titre, rendait publique la mutation de propriété. C'était un tout autre principe que celui de nos lois actuelles.

Or, cette transcription si nécessaire, quand même elle n'eût produit que ce résultat, servait encore à la purge, dont elle était alors, comme aujourd'hui, la première formalité. — Une fois son titre d'acquisition transcrit, l'acheteur qui voulait purger devait, dans le mois de la transcription, notifier aux créanciers inscrits : son contrat d'acquisition, un certificat de transcription, et l'état des charges pesant sur l'immeuble; en même temps il leur proposait d'acquitter immédiatement toutes les dettes échues, et celles non échues lorsque l'époque de leur exigibilité arriverait, jusqu'à concurrence du prix de cet immeuble. Dans le mois de ces notifications, les créanciers devaient prendre un parti, ou bien ils demandaient la mise aux enchères s'ils ne considéraient pas le prix comme représentant la valeur de l'immeuble, ou bien ils acceptaient les offres de l'acquéreur, qui se libérait à leur égard et affranchissait son immeuble de leurs hypothèques, en leur abandonnant son prix.

D'après cet exposé succinct du titre II de la loi du 11 brumaire an II, on voit que le législateur a eu bien peu de changements à faire pour arriver au système actuel de notre Code civil, système que nous allons étudier actuellement dans ses détails, et dont nous nous efforcerons de signaler tout à la fois les avantages et les inconvénients.

DE LA PURGE

SOUS NOS LOIS ACTUELLES.

Ire PARTIE.

PURGE DES HYPOTHÈQUES INSCRITES.

Le Code civil divise la purge en deux parties parfaitement distinctes : la purge des hypothèques inscrites, et la purge des hypothèques dispensées d'inscription. Nous suivrons la même marche. Dans la première partie, nous commencerons par rechercher quels sont les acquéreurs qui peuvent recourir à la purge pour affranchir leurs immeubles des hypothèques qui pèsent sur eux. Nous passerons ensuite aux formalités, à la procédure même de la purge, et enfin nous étudierons les conséquences de la surenchère et de l'adjudication. Viendra ensuite la purge des hypothèques dispensées d'inscription, qui formera la deuxième partie.

CHAPITRE Ier.

QUI PEUT PURGER. — QUELS BIENS ON PEUT PURGER.

Généralement, tout acquéreur d'un bien susceptible d'hypothèque peut purger, faire transcrire son titre d'acquisition, et mettre ainsi les créanciers dont cet immeuble est le gage particulier en demeure d'accepter le prix qui leur est proposé et de voir leurs hypothèques anéanties, ou de surencherir. Mais, pour jouir de ce droit de purge, il ne faut pas être soi-même débiteur personnel de la dette, ni en vertu d'une stipulation formelle, ni en vertu du titre même qui fait la base de notre propriété. Ainsi, un acheteur peut évidemment purger, car il n'est pas à proprement parler débiteur; les créanciers qui ont une hypothèque sur le bien qu'il vient d'acquérir, peuvent à la vérité l'actionner, l'exproprier même, mais il ne souffrira jamais de ces poursuites qu'en sa qualité de détenteur, et il lui suffira d'abandonner l'immeuble pour se mettre hors de l'atteinte des créanciers. Un héritier, au contraire, est dans une toute autre position : s'il est poursuivi par les créanciers de son auteur, ce n'est pas seulement en qualité de détenteur; relativement à ces créanciers, la personne de leur débiteur n'est pas morte, ou du moins elle revit avec toutes ses obligations préexistantes dans la personne de l'héritier, qui devient lui-même débiteur et ne peut être affranchi de la dette par l'abandon, par l'anéantissement même du bien hypothéqué; il faut qu'il paie ce que son auteur s'est obligé de payer. Du reste, comme le fait fort bien observer M. Troplong, il ne servirait en rien à celui qui est tenu par une action personnelle de délaisser l'immeuble, et c'est cette inutilité même qui est la cause de son impuissance : « Celui qui a contracté, « dit-il, une obligation personnelle garantie « par une hypothèque, ne peut en aucune ma- « nière se libérer par l'abandon de la chose hy- « pothéquée. La loi 1 au D. *de pignorib.*, dit po- « sitivement : *Qui creditoribus profitetur, se pi- « gnoribus nihilo magis liberatur* Mêmes prin- « cipes dans d'autres lois.... La raison en est que « le délaissement n'abolit pas l'obligation per- « sonnelle qui a affecté la personne même du « débiteur, car le gage n'a pas été donné au « créancier pour qu'il s'en contente, mais bien « pour qu'il y trouve une sûreté : *In dationc « pignoris non hoc agitur ut eo contentus sit « creditor, sed potius ut in tuto sit creditum* « (Inst., § der. *Quibus modis re contrahitur*). » Nous pensons donc, pour nous résumer, que tout détenteur d'un bien hypothéqué qui ne continue pas la personne du débiteur ou qui, par une promesse, ne s'est pas engagé à acquitter ses dettes, jouit de la faculté de purger.

Ces principes ainsi posés nous aplaniront la route qui doit nous amener à la solution de plusieurs questions importantes, relatives à cette matière. On peut être détenteur d'un immeuble à bien des titres différents : on peut en détenir la propriété en qualité d'acheteur, de co-échangiste, de donataire, d'héritier, de légataire. On peut même ne détenir qu'un fractionnement de cette propriété, tel est l'usufruitier, l'usager. Or, toutes ces personnes ne sont-elles, relativement aux créanciers de leurs auteurs, que des tiers détenteurs? jouissent-elles de la faculté de purger ?

Parmi les tiers détenteurs qui ont reçu d'un débiteur la propriété d'une chose hypothéquée, il est hors de doute que l'acheteur, le donataire, le co-échangiste peuvent purger. Il ne peut pas non plus s'élever de difficulté sur l'héritier qui, en sa qualité de continuateur de la personne, est lui-même obligé envers les créanciers. Toutefois, on doit aussi reconnaître que dans le cas où deux héritiers viennent à se partager une succession, comme la division des dettes s'opère entre eux de plein droit, chacun ne se trouve personnellement obligé qu'à la moitié de chaque dette. L'un d'eux pourra bien, il est vrai, être actionné pour le tout par un des créanciers du défunt, si l'immeuble hypothéqué à la dette de ce créancier vient à tomber dans son lot; mais, comme nous le dit l'art. 873, « les héritiers sont tenus des dettes et charges « de la succession *personnellement* pour leur « part et portion..... » Si donc nous supposons deux héritiers, nous devons reconnaître à chacun le droit de purger l'immeuble qu'il détient de la moitié de chacune des hypothèques qui pèsent sur lui, car il n'est tenu personnellement que de la moitié de chaque dette.

Cette doctrine qui nous semble découler nécessairement des principes que nous avons posés en tête de cette matière, principes qui n'ont jamais été niés formellement, et dont on ne peut contester que les conséquences, a été rejetée par la Cour de cassation, qui, dans un arrêt, a refusé à un co-héritier de purger pour la part dont il n'était tenu que comme détenteur d'un immeuble hypothéqué.

Pothier, au contraire, semble être tout-à-fait de l'opinion que nous soutenons, quand il dit, en parlant de l'action qu'un des créanciers d'une succession peut intenter contre l'un des héritiers de son débiteur : « L'action person-« nelle hypothécaire renferme deux actions « véritablement distinctes l'une de l'autre, « quoique ces actions s'intentent conjointe-« ment et sous le nom d'une unique action « qu'on appelle *personnelle hypothécaire* : elles

« conservent néanmoins leur nature distincte « et séparée, et, quoique réunies par un même « exploit, elles ont leurs conclusions diffé- « rentes ainsi que leur condamnation. Car je « vois que dans l'usage on conclut contre l'hé- « ritier à ce qu'il soit tenu personnellement « pour la part dont il est héritier, et hypothé- « cairement pour le total; et pareillement les « sentences portent : condamnons le défen- « deur personnellement pour la part dont il est « héritier, et hypothécairement pour le total.— « Ces condamnations différentes ne doivent « donc pas avoir le même effet. L'héritier et « biens-tenant étant condamné hypothécaire- « ment pour le total, et personnellement pour « sa part, il n'y a que cette condamnation « personnelle qui doive être absolue; la con- « damnation pour le surplus n'étant qu'une « condamnation hypothécaire, il doit avoir la « faculté de délaisser les biens hypothéqués « qu'il possède, pour en éviter l'exécution; « autrement, en vain distinguerait-on dans la « sentence la condamnation personnelle et la « condamnation hypothécaire. » (Pothier, *Trait. des hypoth.*, chap. II, § 1).

C'est aussi par suite de cette distinction que nous persistons dans notre opinion, que nous basons du reste sur le texte même de la loi, où il est dit formellement que les héritiers d'un débiteur ne peuvent être poursuivis pour le tout que par l'action hypothécaire, c'est-à-dire en qualité de tiers détenteurs. Mais une fois ce droit de purge reconnu aux héritiers, comment l'exerceront-ils? Quel acte devront-ils faire transcrire pour mettre les créanciers en demeure de prendre leurs inscriptions? Les auteurs sont divisés sur ce détail, mais il nous semble naturel que ces héritiers fassent transcrire l'acte de partage; ce n'est pas, il est vrai, à proprement parler un acte translatif de propriété, mais c'est l'acte qui peut seul avertir utilement les créanciers, et leur faire connaître en quelles mains leur gage est tombé.

Le droit de purger est également contesté, et très-chaleureusement, au légataire universel. M. Tarrible et la jurisprudence répugnent, ainsi que bon nombre d'auteurs, à le lui accorder ce qui, du reste, n'est que la conséquence nécessaire de la solution qu'ils donnent à cette autre difficulté : Le légataire est-il continuateur de la personne du défunt? Est-il tenu des dettes de la succession même au delà des biens qu'il y recueille? Est-il héritier ou simplement légataire?

Nous ne pouvons discuter ici cette question qui sort des limites de notre sujet; mais nous pensons qu'en admettant, avec la doctrine, qu'un légataire, même universel, n'est pas un héritier, attendu que chez nous le testament est impuissant à créer un continuateur à la personne du défunt, il faut admettre comme conséquence que ce légataire n'est, par rapport aux créanciers de la succession, qu'un tiers détenteur; c'est lui concéder le droit d'affranchir ses immeubles des hypothèques dont ils sont grevés. Si l'on prétendait que la question est sans intérêt, attendu que les dettes d'une succession sont toujours acquittées avant les legs, et que par conséquent un légataire ne peut pas avoir entre ses mains un immeuble hypothéqué à une dette non éteinte, à moins de s'être personnellement engagé au paiement de cette dette, nous ferions observer que cet immeuble, détenu par notre légataire, peut fort bien être hypothéqué à une dette dont le terme n'est pas échu, et alors on n'aura pas certainement acquitté cette dette avant de délivrer aux légataire l'immeuble que le testament du *de cujus* lui a donné; il se trouve donc détenteur d'un bien hypothéqué, et, dans notre système, nous lui accordons la faculté d'affranchir son immeuble par la purge, même de cette hypothèque qui garantit une créance à terme.

Ce légataire devra du reste accomplir comme tout autre acquéreur les formalités exigées pour la purge, et commencer par transcrire le testament qui lui transfère la propriété de ces biens.

Passons maintenant à ceux qui ne détiennent plus l'immeuble hypothéqué à titre de propriétaires, mais comme concessionnaires de droits réels sur cet immeuble ; et tout d'abord, quand un débiteur, après avoir hypothéqué un de ses immeubles, accorde sur ce même immeuble un droit d'usufruit, nous devons reconnaître que l'usufruitier est véritablement, à l'égard des créanciers, le détenteur d'un démembrement de la propriété; que, d'un autre côté, son droit d'usufruit est susceptible d'être vendu aux enchères publiques ; et rien, par conséquent, ne peut le priver de la faculté de purger. Il pourra donc, comme tout autre tiers détenteur, faire transcrire le titre qui établit à son profit un droit d'usufruit, et provoquer ainsi les inscriptions des créanciers.

Cette solution ne souffre pas grande difficulté : parce que l'usufruit est un démembrement de la propriété, qui peut, comme nous venons de le dire, être vendu publiquement, l'usufruitier peut vendre ou donner son droit d'usufruit ; c'est un contrat aléatoire que formera le plus souvent cet acquéreur, puisque l'usufruit continue à reposer sur la tête du vendeur, cesse en général avec la vie de l'usufruitier, et que, par conséquent, l'acquisition d'un usufruit pourra être avantageuse ou désavantageuse suivant le plus ou moins grand nombre d'années que vivra l'usufruitier. Mais enfin, pour être aléatoire, cette vente n'en est pas moins parfaitement licite et rationnelle, et on en voit souvent des exemples. Mais si nous supposons, à la place de cet usufruit, que le débiteur ait concédé à un tiers un de ces démembrements de la propriété qui ne peuvent pas passer ainsi indifféremment de mains en mains, qui sont constitués en vue d'une personne comme un droit d'usage ou d'habitation, ou bien qui sont établis dans l'intérêt d'un fonds voisin et qui ne présenteraient plus aucune utilité, aucune raison d'être s'ils appartenaient au propriétaire de tout autre fonds, comme une servitude de passage ou de vue; ces droits, bien que réels par nature, ne sont pas susceptibles d'être mis aux enchères, ils ne pourraient tenter aucun acquéreur, souvent même ils seraient incessibles, et nous devons décider, en nous appuyant sur la nature même de ces droits, que ceux au profit desquels ils sont établis ne sauraient purger ces démembrements de la propriété des hypothèques qui peuvent les frapper.

Un exemple suffira du reste pour éclairer cette matière : Je suis propriétaire d'un fonds : je concède à mes créanciers une hypothèque sur ce fonds; j'établis au profit d'un tiers un droit d'usage. Cet usager demeure exposé, comme détenteur d'une fraction de ma proprité hypothéquée, à l'action de mes créanciers, et il ne peut s'en affranchir par la purge puisqu'il ne peut pas vendre son droit d'usage: rien n'est plus évident.

Mais ceci posé, nous devons reconnaître que cette concession d'un droit d'usage sur ce même fonds que j'avais hypothéqué, a pu causer un grave préjudice à mes créanciers. Qu'ils saisissent, en effet, mon fonds, qu'ils le fassent vendre, et ils n'en retireront certainement pas le prix qu'il eût rapporté si on avait procédé à la vente antérieurement à ce démembrement que j'ai fait de ma propriété au profit de cet usager. Or, de deux choses l'une, ou bien il faut anéantir la constitution du droit d'usage, ou bien il faut sanctionner la lésion que j'ai causée sciemment à mes créanciers; c'est là autoriser une fraude. Pour résoudre cette difficulté, on a proposé divers moyens. Nous ne nous arrêterons pas à cette opinion radicale qui, sans s'effrayer des conséquences déplorables que nous venons de signaler, décide qu'après tout le propriétaire n'a fait qu'user de son droit, qu'il ne s'est pas privé, en concédant des hypothèques, du droit de démembrer la propriété de son fonds; que si les créanciers en souffrent, c'est un malheur auquel ils pouvaient s'attendre. Un système plus juridique reconnaît que ce débiteur a diminué les sûretés de ses créanciers, et qu'il doit leur fournir un supplément d'hypothèque, sous peine de perdre le bénéfice du terme, conformément à l'art. 1188 du C. Napoléon.

Pour nous, ce résultat ne nous semble pas protéger suffisamment les intérêts des créanciers; et comme, du reste, le débiteur, en diminuant sciemment leurs sûretés ne se présente pas à nous dans une position bien digne de pitié; que l'usager, en achetant ou en acceptant une fraction du gage des créanciers, dont il connaissait ou pouvait connaître les droits, ne mérite pas non plus notre sollicitude, nous pensons que la constitution d'usage doit être regardée comme non-avenue à l'égard de tous les créanciers antérieurs à l'époque de cette constitution. Mais le contrat passé entre l'usager et le débiteur n'en produira pas moins tous ses effets entre les parties contractantes, et envers tous les créanciers dont les droits sur l'immeuble ne seraient que postérieurs à ce contrat; et ce qui nous fait adopter cette décision, c'est qu'elle nous semble tout-à-fait en rapport avec l'intention du législateur, qui, dans l'art. 2091, prévoit une espèce à peu près identique, et décide que la constitution du droit d'antichrèse au profit d'un tiers ne produirait aucun effet contre les créanciers de ce constituant qui auraient des privilèges et hypothèques sur ce bien antérieurement à ce contrat d'antichrèse.

Un usufruitier peut aussi accorder hypothèque à ses créanciers sur son droit d'usufruit; mais ces créanciers ne peuvent recevoir de l'usufruitier qu'un droit résoluble comme le sien, et, en acceptant une hypothèque, ils savent parfaitement qu'elle doit cesser ou à la mort de l'usufruitier, ou à telle époque fixée comme le terme de l'usufruit; aussi, quand cet usufruit reviendra au nu-propriétaire, les hypothèques dont il était grevé s'anéantiront, sans qu'il ait besoin d'employer la purge pour en débarrasser son immeuble.

CHAPITRE II.

FORMALITÉS DE LA PURGE.

Les créanciers hypothécaires ont le droit de critiquer l'aliénation que fait leur débiteur de l'immeuble sur lequel ils ont hypothèque, et le nouvel acquéreur de ce bien n'en devient propriétaire incommutable qu'autant que les créanciers ont approuvé son acquisition; c'est la conséquence et la mise en œuvre du droit de suite. Il faut donc que tout acquéreur qui veut s'affranchir du danger de voir sa propriété anéantie par les créanciers hypothécaires de son vendeur, les avertisse que leur gage vient d'être vendu, que cette vente s'est faite moyennant telle et telle condition, et que le prix de cette vente va leur être immédiatement distribué, à moins qu'ils ne le trouvent insuffisant et qu'ils ne requièrent la mise aux enchères de ce bien, dans l'espérance d'obtenir par ce moyen un prix plus élevé. Or, les formalités imposées à l'acquéreur pour provoquer les inscriptions des créanciers, les avertir de l'aliénation et du montant du prix, sont : la transcription et les notifications.

§ I. — *Transcription.*

La transcription n'est autre chose que la copie, sur un registre spécial, de l'acte d'acquisition d'un immeuble. Cette transcription qui, sous la loi de brumaire, était un mode de translation de propriété, n'est plus aujourd'hui qu'une formalité de la purge; lors de la rédaction du Code civil, on était encore indécis sur les effets qu'on devait attribuer à la transcription; on ne savait pas s'il fallait reproduire la disposition de la loi de brumaire et exiger une publicité quelconque, pour que la mutation de propriété s'opérât : la rédaction du Code civil s'est ressentie de cette hésitation ; et, nulle part, on ne trouve posé d'une manière bien catégorique le principe de la translation de propriété par le seul concours de la volonté des parties. Aujourd'hui, grâce à l'article 834 du Code de Pr., qui, du reste, n'est pas venu consacrer un principe nouveau, mais jeter une lumière vivifiante sur la règle peu précise contenue dans l'art. 1138 du Code Napoléon, le doute n'est plus possible, et il est vident que si, dans la quinzaine qui suit la transcription de l'acte de vente, ce sont seulement les créanciers du vendeur, antérieurs à la vente, qui peuvent prendre inscription, cela tient à ce que le vendeur ayant perdu la propriété de son immeuble par son seul consentement au contrat, est privé dès cet instant de la faculté d'accorder aucun droit à ses créanciers sur cet immeuble.

La transcription, avons-nous dit, est actuellement la formalité préliminaire de la purge, mais ce n'est pas sa seule utilité; elle est encore nécessaire en matière de donation, de substitution, etc...; mais nous ne devons la considérer ici que dans ses rapports avec le droit de purger.

Sous la loi de brumaire, tout contrat dont le

but était de transférer la propriété n'atteignait ce résultat qu'autant qu'il avait été transcrit; mais cette transcription, tout en publiant le changement de propriété, mettait un terme à la faculté pour les créanciers du précédent propriétaire d'inscrire leurs hypothèques : c'était donc les avertir, par les voies de la publicité, qu'il n'était plus temps pour eux de prendre leurs inscriptions.

Le Code civil, en changeant le principe, et en admettant la translation occulte de la propriété des immeubles, ne sauvegarda pas mieux les intérêts des créanciers du vendeur; au contraire, puisque, dès le moment de la vente, les créanciers perdaient la faculté de s'inscrire sur l'immeuble vendu, et que la transcription, qui pouvait d'ailleurs se faire à toute époque, quelque éloignée qu'elle fût du moment de la vente, n'avait plus d'autre effet que d'avertir les créanciers que leur droit de s'inscrire était anéanti depuis telle époque (1), c'était une manière

(1) Attendu que le système des hypothèques établi par la loi repose sur la publicité, que le but principal de l'inscription est de rendre l'hypothèque publique, de manière que les tiers, en contractant avec le propriétaire de l'immeuble, soient à même de contracter avec sécurité après avoir vérifié les registres hypothécaires, et qu'il n'y ait que le créancier négligent qui ait à souffrir du défaut d'inscription... Attendu

assez bizarre de rendre les acquisitions publiques et de protéger le droit de suite reconnu par la loi aux créanciers hypothécaires. Il en résultait cette conséquence déplorable au point de vue fiscal, que les contrats n'étaient plus transcrits, et, par suite, que les droits d'enregistrement, une des parties les plus importantes des revenus de l'Etat, se trouvaient considérablement réduits. Et, en effet, de quelle utilité pouvait être pour l'acquéreur la transcription de son contrat? D'aucune, puisque c'était la vente elle-même, et non la transcription de la vente, qui mettait fin au droit qu'avaient les créanciers hypothécaires du vendeur d'inscrire leurs hypothèques; et ce qui le démontre d'une manière irréfragable, « c'était, comme dit « M. Troplong, que toutes les fois que le Code « parle du droit de suite, il ne l'attribue qu'à « l'hypothèque inscrite, et c'est spécialement « ce qui résulte de l'art. 2166 du Code civil,

qu'il résulte de l'article 834 du Code de procédure, ainsi que des motifs qui l'ont dicté, qu'à l'avenir seulement, et quant aux aliénations à venir, on a le droit de s'inscrire non-seulement antérieurement à la vente, mais encore postérieurement jusqu'à la transcription et quinzaine après, d'où il suit qu'antérieurement, il fallait s'inscrire avant la vente... (Jugement du tribunal de 1re instance de la Seine du 22 juin 1809.)

« où il est dit : Les créanciers ayant privilège « ou hypothèque inscrite sur un immeuble, le « suivent, en quelque main qu'il passe, etc... « Ainsi, quand on trouve dans l'art. 2182 que « le vendeur transmet à l'acquéreur l'immeu- « ble avec ses charges et hypothèques, il faut « dire que le législateur n'a voulu parler que « des hypothèques inscrites. »

La régie de l'enregistrement résistait cependant à l'évidence de ces raisons, et donnait ordre aux conservateurs d'inscrire tous les titres de créances hypothécaires jusqu'au moment où le tiers acquéreur faisait transcrire. En vain, le Conseil d'Etat consulté émit-il un avis tout-à-fait en opposition avec les prétentions de l'administration de l'enregistrement(1), celle-ci maintint ses prétentions, et si bien, que le Conseil d'Etat dut lui-même céder à la raison financière, et, sans vouloir rédiger un avis contraire à celui qu'il avait précédemment émis, il fit insérer dans le Code de procédure les articles 834 et 835; mais il n'en est pas moins certain, et cet historique le prouve, qu'avant ces deux articles la vente seule suffisait pour purger les hypothèques non inscrites. Enfin, les articles 834 et 835 du Code de procédure apportèrent à cet état de choses une importante

(1) Avis du conseil d'État du 11 fructidor an XIII.

innovation, puisque la transcription est actuellement un appel fait aux inscriptions des créanciers hypothécaires, et que ceux-ci ont les quinze jours qui suivent la transcription pour se faire inscrire.

Sous certains rapports, c'est une amélioration, « et l'on peut remarquer ici qu'un intérêt « fiscal a amené dans la loi une chose salutaire « pour les tiers. En effet, par le système du « Code civil, un créancier pouvait perdre son « hypothèque et les droits en résultant par le « seul fait du débiteur vendant à son insu. Un « jugement est prononcé à l'audience et éta- « blit une hypothèque générale au profit du « créancier; mais pour prendre inscription, il « faut que ce créancier se fasse donner une « expédition et la fasse enregistrer. Cela en- « traîne des délais; supposez qu'il ait pour « débiteur un homme de mauvaise foi, celui- « ci peut vendre dans l'intervalle avec une « promptitude frauduleuse, et le créancier se « trouve, sans sa faute, privé d'un droit légi- « time. Voilà les conséquences rigoureuses « des dispositions du Code civil. Il n'était donc « pas inutile que le créancier fût mis en de- « meure par un acte ayant une grande publi- « cité, tel que la transcription, et puisque la « transcription était considérée comme un

« avertissement pour agir, il convenait d'ajou-
« ter un délai ; c'est ce qui a été fait par les
« articles 834 et 835 du Code de procédure. » (Troplong, *Privilèges et hypothèques*, t. 4, n° 900).

Il faut cependant reconnaître aussi que la transcription n'est qu'un moyen de publicité bien incomplet, et qui n'avertit en fait les créanciers que très-imparfaitement.

C'est tout acte translatif de propriété, avons-nous dit, qui doit être transcrit, que cet acte soit authentique ou sous-seing privé, la loi ne distingue pas; ce ne sont pas seulement les contrats comme semble le dire l'article 2181, mais encore les testaments, donations, actes de partage, etc., ainsi que nous l'avons vu, qui doivent être soumis à cette formalité.

Le droit de purger n'étant qu'une faculté, le tiers acquéreur peut, à son gré, faire ou ne pas faire transcrire ; seulement, les créanciers inscrits, de leur côté, « qui ne peuvent souffrir de
« cette inaction, sont en droit de faire leurs
« poursuites, qui, une fois commencées, ne
« peuvent plus être arrêtées» (1). La loi n'a assigné au tiers détenteur aucun délai pour faire faire la transcription de son acquisition, et nous pensons qu'il doit suffire que ce tiers fasse la

(1) Tarrible, *Transcription*, § 2.

transcription avant les notifications de l'article 2183, et que, par conséquent, il peut faire utilement transcrire, de même qu'il peut faire utilement les notifications aux créanciers dans le délai d'un mois qui lui est accordé par l'art. 2183, à partir de la première sommation que lui adressent les créanciers (1).

On est assez généralement d'accord pour décider que la purge des articles 2181, 2182 et suivants du Code civil ne regarde que les acquéreurs par suite d'aliénation volontaire, qu'eux seuls ont besoin de purger, et que l'adjudication faite sur expropriation forcée, emportant par elle seule extinction des hypothèques qui pèsent sur l'immeuble, ces adjudicataires n'ont pas besoin de faire transcrire le jugement qui leur transmet la propriété; le prix est donc distribué aux créanciers inscrits au moment de l'adjudication, et les autres ne peuvent plus prendre inscription une fois cette adjudication prononcée; ils n'ont plus alors sur ce prix d'autres droits que ceux des créanciers chirographaires de l'exproprié. Cette extinction immédiate des hypothèques par suite d'une vente en justice (2) s'explique parfaitement

(1) Merlin, *Transcription*, § 2.

(2) Il est certaines ventes qui ont avec l'expropriation forcée une grande analogie. Ainsi, la vente des biens d'un

quand on se rappelle les moyens de publicité qui précèdent ces ventes, et qui ont dû avoir pour résultat d'avertir tous les créanciers intéressés de s'inscrire et de surveiller leurs intérêts. Ce n'est, du reste, qu'un souvenir de notre ancien droit, où le décret forcé emportait, comme nous l'avons déjà dit, extinction des hypothèques. L'article 834 du Code de procédure vient encore sanctionner ce système, puisqu'il n'exige la transcription, c'est-à-dire la formalité première de la purge, qu'en cas de vente volontaire (1). Cette opinion nous semble

mineur, d'un interdit, d'un failli, d'une succession vacante ou acceptée sous bénéfice d'inventaire : elles se font en justice et sont précédées de placards; mais si elles sont faites avec publicité, les créanciers des précédents propriétaires n'y sont pas appelés d'une manière formelle par des notifications comme en cas de purge, ils n'y assistent qu'autant qu'ils le veulent bien, et, par conséquent, il n'y a pas de bonnes raisons juridiques pour dispenser l'adjudicataire de ces biens de faire transcrire son acte d'acquisition et de purger suivant les formes ordinaires. (Voir Tarrible, Rep. de Jur., *Transcription*, § 3.)

(1) Cette assimilation ne nous semble plus soutenable surtout depuis la loi de 1841, qui, dans l'art. 717 du Code de procédure, a établi, entre autres choses, une distinction bien formelle entre les conséquences des ventes faites aux enchères sur expropriation forcée, et celles des ventes conventionnelles. Ainsi, avant la loi de 1841, le vendeur qui n'avait pas été payé de son prix pouvait toujours, en tout état de

inébranlablement établie, et cependant un arrêt de la Cour de cassation du 3 avril 1812 a soutenu la théorie opposée, en assimilant, ce qui nous paraît une confusion malheureuse, les ventes judiciaires aux ventes conventionnelles (1).

Telle est encore l'opinion la plus généralement établie pour ce qui concerne les hypothèques ordinaires; mais, en ce qui touche les hypothèques légales dispensées d'inscription, la jurisprudence et la pratique admettent qu'elles ne sont pas purgées par l'expropriation et l'adjudication, mais qu'on doit employer à leur égard les formalités des articles 2193 et suivants du Code civil. Ainsi, quand le bien d'un mari est saisi et vendu en justice, il reste grevé de l'hypothèque légale de la femme tant que l'ac-

cause, demander la résolution de la vente, quand même cet immeuble vendu eût passé de mains en mains depuis la première aliénation ; l'art. 717 du code de procédure a restreint cette faculté, en décidant que si plusieurs ventes conventionnelles successives de l'immeuble n'enlevaient pas au vendeur primitif non payé le droit d'en demander la résolution, ce droit du moins était définitivement éteint par une adjudication sur saisie immobilière, et que, dans le cas d'une expropriation forcée, le vendeur, pour intenter utilement sa demande en résolution, devait la former avant l'adjudication.

(1) Dalloz, *Hypoth.*, 375, n. 43. Duranton, *Purge des hypoth. inscrites.*

quéreur n'a pas employé la purge légale. Un arrêt assez célèbre de la Cour de cassation, du 22 juin 1833, s'appuie pour le décider sur ce que l'inscription des hypothèques légales n'est jamais exigée que dans les cas de l'article 2194, c'est-à-dire après le dépôt du contrat de vente au greffe et les annonces dans les journaux, et que, par conséquent, la femme ou le mineur conservent leurs hypothèques indépendamment de toute inscription, tant qu'on n'a pas fait appel à ces inscriptions par la purge légale (1). Nous pensons, quant à nous, que l'adjudication seule a eu pour résultat l'extinction de toutes les hypothèques même légales, et nous en trouvons une preuve frappante dans la loi elle-même, qui, dans l'article 775 du Code de procédure, s'exprime ainsi : « En cas d'aliénation *autre que* « *celle par expropriation,* l'ordre..... sera pro-

(1) « Attendu que, d'après l'art. 2135 du Code, l'hypothèque légale du mineur existe indépendamment de toute inscription ; que le Code ne pose d'autre limite à cette dispense d'inscrire l'hypothèque légale que celle qui se trouve dans les articles 2193 et 2194 qui déterminent les formalités que l'acquéreur d'un immeuble appartenant à un mari ou à un tuteur est tenu de remplir, s'il veut purger les hypothèques dont cet immeuble peut être grevé ; attendu que la loi n'a fait aucune distinction à cet égard entre les ventes volontaires et les ventes par expropriation forcée... » (Cour de Cassation, 22 juin 1833).

« voqué par le créancier le plus diligent ou « l'acquéreur, après l'expiration des trente « jours qui suivent les délais prescrits par les « articles 2185 et 2194 du Code civil. » Ce qui signifie d'une manière évidente qu'en cas d'expropriation, d'adjudication sur saisie immobilière, l'ordre s'ouvre trente jours après la signification du jugement d'adjudication, et non pas trente jours après les délais des articles 2185 et 2194 du Code civil (1). En outre, comme dit M. Troplong : « Il y a dans le droit des idées « qui se perpétuent malgré les changements « les plus profonds, et qui, érigées en principe « par l'usage et par la tradition, ont la même « force que si elles étaient formulées en loi. De « ce nombre est la règle que l'expropriation « purge les hypothèques. Elle n'est nulle part « explicitement écrite dans nos nouveaux « Codes; mais elle domine toute la jurisprudence, et le législateur l'a toujours eue pré-

(1) Voir un arrêt de la chambre civile de la Cour de cassation du 11 août 1829, qui décide : que l'expropriation forcée et le jugement d'adjudication qui la suit, purgent par eux-mêmes l'hypothèque légale non inscrite, et que cette purge a effet non-seulement en ce qui touche l'adjudicataire, mais encore à l'égard des créanciers relativement au prix de l'adjudication. Cet arrêt casse un autre arrêt de la Cour de Grenoble du 1er juillet 1828.

« sente à la pensée comme une des vérités ad-« mises si généralement, qu'il est inutile de « les promulguer. » (Troplong, *Hypoth.*, t. 4, n° 996.)

Une autre question également fort controversée en matière de transcription, est celle qui se rapporte au cas de plusieurs ventes successives. Supposez, en effet, que j'achète un immeuble qui a déjà fait l'objet de plusieurs ventes successives, qui n'a jamais été purgé des hypothèques qui peuvent le grever, et qui, par suite, se trouve actuellement hypothéqué aux créanciers des différents acquéreurs entre les mains desquels il a passé avant d'arriver jusqu'à moi. Si je veux purger aujourd'hui, je dois commencer par faire transcrire mon contrat d'acquisition; pas de doutes à cet égard : mais faudra-t-il, pour pouvoir faire appel à tous les créanciers qui, du chef des anciens propriétaires, ont hypothèque sur cet immeuble, que je fasse aussi transcrire les titres d'acquisition antérieurs au mien? Telle est la difficulté : difficulté que les praticiens et les auteurs ont résolue différemment, et qui, en définitive, a donné naissance à trois systèmes différents.

Suivant une opinion radicale dont M. Tarrible est le principal promoteur, je devrais, pour purger complètement mon immeuble, faire transcrire, outre mon contrat de vente, tout contrat qui n'a pas encore été transcrit. Il est certain, dit cet auteur (Rep. de Jurisp., *Transcription*, § 3), que le dernier acquéreur a son immeuble grevé de toutes les hypothèques qui n'ont pas été éteintes d'une manière quelconque avant son acquisition (art. 2182 du C. Nap.). Mais le dernier contrat de vente n'avertissant pas les créanciers des anciens propriétaires que leur gage est vendu, il n'y a pas, par la transcription de ce seul acte, publicité à leur égard, et, par conséquent, il ne doit point y avoir extinction de leurs hypothèques. Voici comment il appuie son opinion : « La promesse que fait « la loi à un créancier hypothécaire dont le « titre est régulièrement inscrit, que son hypo« thèque sera conservée intacte pendant un « délai de dix ans, et qu'elle ne pourra être « purgée durant ce délai sans qu'il ait été « averti par une notification, pour le mettre en « mesure, et d'enchérir si cela lui paraît con« venable, et d'obtenir une collocation utile; « cette promesse solennelle, disons-nous, ne « ferait que l'entretenir dans une sécurité « trompeuse. Un propriétaire obéré de dettes « hypothécaires trouverait un moyen facile et « infaillible de faire disparaître toutes ses hypo« thèques et de frustrer ses créanciers de leurs

« créances les plus légitimes. Il vendrait ses « immeubles à un homme qui n'aurait ni biens « ni dettes personnelles, et qui paraîtrait avoir « soldé le prix de son acquisition; celui-ci re- « vendrait les mêmes immeubles à un second « acquéreur de bonne foi, qui, ayant demandé, « après la transcription de son achat, un extrait « des inscriptions existantes sur la tête de son « vendeur et n'en trouvant aucune, paierait la « totalité du prix et soutiendrait être affranchi « de toutes les hypothèques établies par le pre- « mier vendeur, attendu que ces dettes hypo- « thécaires ne se trouveraient relatées ni dans « l'extrait des inscriptions délivré par le con- « servateur, ni dans son acte d'acquisition..... « Ce danger est à la fois trop patent, trop im- « minent, pour qu'il eût échappé à la pré- « voyance du législateur (Rep. de Jurisp., *Tran-* « *scription*, § 3). » C'est donc l'intérêt des créanciers qui dirige M. Tarrible vers la solution qu'il adopte, en exigeant la transcription de tous les contrats antérieurs non encore transcrits.

En regard de cette opinion vient se placer celle de la Cour de cassation (1), tout opposée,

(1) 14 janvier 1818, Cour de cassation; 13 décembre 1813, Cour de cassation.

mais tout aussi radicale, suivant laquelle la transcription du dernier contrat suffit pour mettre tous les créanciers en demeure de s'inscrire, et cela, par cette raison, dit un arrêt de cette Cour, que l'acquéreur qui veut purger doit faire des significations à tous les créanciers inscrits, même des précédents propriétaires, et que la loi ne lui a pas imposé comme moyen de les connaître la transcription des précédents contrats.

Ces motifs, néanmoins, ne nous semblent pas péremptoires, car la loi a exigé la transcription comme moyen de mettre les créanciers en demeure de s'inscrire, et tant que la vente ou les ventes successives de l'immeuble sur lequel ces créanciers avaient hypothèque n'ont pas été transcrites, ils ne sont pas en retard; on ne peut pas leur faire subir une perte pour n'avoir pas encore pris inscription; et adopter le système de la Cour de cassation, c'est supprimer toute publicité pour les créanciers des anciens propriétaires, ce n'est pas assez respecter leurs droits. Pour nous, qui ne considérons la purge que comme une exception au droit de suite, dont les conséquences, si elles n'eussent été modifiées, auraient pu nuire à la circulation des biens, nous voulons que l'exception ne soit autorisée qu'autant que les créanciers seront sérieusement avertis de l'intention du dernier vendeur, et mis à même de surenchérir. Aussi, adoptons-nous un système fort répandu, qui n'est, en quelque sorte, qu'une modification de celui présenté par M. Tarrible, et qui consiste à dire que le dernier acquéreur ne sera dispensé de transcrire les contrats de vente des anciens acquéreurs qui n'ont pas purgé, que si son propre contrat contient les noms des anciens propriétaires de l'immeuble. Dans ce cas, en effet, il y a véritablement publicité; on avertit les créanciers en mettant sous leurs yeux les noms de tous les détenteurs qui ont successivement possédé le gage de leurs créances depuis leur premier débiteur; on les met à même de reconnaître que c'est ce même immeuble qui vient d'être vendu une dernière fois, et que l'on veut affranchir des hypothèques dont il est grevé.

Aussi, M. Merlin, parlant du système de M. Tarrible, dit-il que, malgré les raisons puissantes dont il est étayé, il n'a pas prévalu dans la pratique, où il est admis que la transcription du dernier contrat d'acquisition suffit pour la purge de toutes les hypothèques, même des anciens créanciers, pourvu que le contrat transcrit contienne les noms des précédents propriétaires : « De même que, sous l'édit de 1771, les lettres

« de ratification purgeaient les hypothèques « des anciens propriétaires, quoiqu'elles n'eus- « sent été obtenues que sur le dernier contrat.» (Rep. de juris., *Transcription*, § III, note de l'éditeur.)

§ II. — *Notifications.*

La transcription, comme le dit l'article 2182, ne suffit pas pour opérer la purge; elle n'en est que la première formalité. Une fois qu'il a fait cet appel aux inscriptions des créanciers, l'acquéreur qui veut purger demande au conservateur des hypothèques un certificat des inscriptions prises sur l'immeuble au moment de la transcription, et c'est aux créanciers inscrits à ce moment que l'acquéreur doit adresser les notifications exigées par l'article 2183.

Ces notifications ne sont, comme la transcription, que facultatives, puisque la purge elle-même n'est qu'une faculté accordée au tiers acquéreur. Tout acheteur reçoit l'immeuble dont il devient propriétaire grevé des hypothèques des créanciers de son vendeur; ceux-ci le suivent entre ses mains, et peuvent lui faire sommation de payer les créances dont cet immeuble est le gage, ou bien d'abandonner l'immeuble lui-même.

Après cette sommation, l'acquéreur est bien obligé de prendre une détermination entre les deux partis qui lui sont proposés, à moins qu'il ne préfère subir une expropriation forcée; et cette détermination, il a, pour la prendre, un mois à partir de la sommation qui lui est faite; c'est un délai fatal, à l'expiration duquel il ne peut plus adresser aux créanciers inscrits les notifications dont parle l'article 2183 du Code Napoléon. Bien entendu qu'il peut faire une plus grande diligence et prévenir les sommations des créanciers, en faisant transcrire et en leur adressant immédiatement les notifications: la loi a dû mettre un terme à ses lenteurs, mais n'a pas mis de frein à l'empressement qu'il a de purger sa propriété.

Ce n'est pas à tous les créanciers de son vendeur ayant droit de s'inscrire que l'acquéreur est obligé de faire ces notifications, mais seulement à ceux qui se trouvent déjà inscrits au moment de la transcription de l'acte d'acquisition. Ainsi, il est des créanciers qui ne prennent inscription que dans la quinzaine de la transcription, soit parce qu'ils attendent ce moment pour s'inscrire, soit parce que leurs privilèges ou hypothèques étant dispensés d'inscription pour ce qui a rapport au droit de préférence, ils n'éprouvent le besoin de s'inscrire qu'au moment de faire valoir leur droit de suite. Eh bien! le tiers acquéreur n'est nullement obligé de leur faire les notifications de l'article 2183. C'est ce que dit formellement l'article 835 du Code de procédure.

Pour ce qui est des formes mêmes de ces notifications, elles sont énoncées dans l'art. 2183, et en voici les détails : « La notification, dit « Persil, exigée par notre article, se fait aux « domiciles élus par les créanciers dans leurs « inscriptions, et peut avoir également lieu au « domicile réel. Comme ces élections de domi- « cile sont exigées pour l'intérêt des débiteurs « et des tiers, ceux-ci doivent pouvoir y re- « noncer.

« Ces notifications doivent être faites par un « huissier commis à cet effet par le président « du tribunal de première instance de l'arron- « dissement où elles ont lieu. (Code de procé- « dure, art. 832.)

« Elles doivent contenir l'extrait du titre « d'acquisition, c'est-à-dire sa date et sa qua- « lité, si c'est une vente, un contrat d'échange « ou un acte de donation, le nom et la désigna- « tion précis du vendeur ou du donateur, la « nature et la situation de la chose vendue ou « donnée, ou toutes autres désignations telles, « que les créanciers ne puissent pas se mépren-

« dre et aient les moyens de reconnaître leur « débiteur et l'immeuble qui leur a été hypo- « théqué. Toute erreur à cet égard pourrait « nuire à l'acquéreur et l'empêcher de purger.

« Cet extrait doit contenir encore l'indication « des prix et des charges faisant partie du prix « de la vente, afin que les créanciers puissent « juger si l'immeuble a été porté à sa véritable « valeur, et si leur gage n'est pas diminué en « passant dans une autre main.

« Dans le cas où l'immeuble a été transmis à « titre de donation, le tiers détenteur doit en « fixer lui-même la valeur et déterminer par là « la garantie qu'il offre à chaque créancier. Si « l'extrait dont nous nous occupons ne faisait « pas mention du prix pour lequel le tiers dé- « tenteur a acquis, il est indubitable que la « dénonciation serait nulle, parce que, n'ayant « pas été à portée de surenchérir, les créan- « ciers pourraient se plaindre de n'avoir pas « été légalement mis en demeure.... » (Persil, *hyp.*, art. 2183.)

Les notifications n'ont pas seulement pour but de mettre la vente à la connaissance des créanciers, mais aussi de les amener à surenchérir ou à accepter le prix qui leur est proposé par l'acquéreur, moyennant l'extinction de toutes les hypothèques; aussi l'article 2184 nous dit-il que, par le même acte, l'acquéreur ou le donataire doit déclarer aux créanciers qu'il est prêt à leur abandonner sur-le-champ son prix, et à acquitter ainsi, jusqu'à concurrence de ce prix, toutes les créances hypothécaires inscrites dans la quinzaine de la transcription, sans distinction des dettes échues et non échues. Notons d'abord l'innovation que cet article apporte à la loi de brumaire, sous laquelle « le « tiers acquéreur qui voulait purger sa pro- « priété jouissait des mêmes termes et délais « que le débiteur principal. Aussi, il arrivait « souvent, ainsi qu'on l'observa au Conseil, « lors de la rédaction de notre article, que « cette disposition jetait beaucoup d'embarras « sur les liquidations. Les créanciers dont les « titres n'étaient pas encore échus s'opposaient « à ce que les créanciers postérieurs, mais dont « les créances étaient exigibles, fussent payés, « attendu qu'ils couraient eux-mêmes le hasard « de ne plus trouver dans le gage une sûreté « suffisante.

« Ce fut donc pour obvier à ces discussions « qu'on disposa que le tiers acquéreur serait « obligé d'offrir le paiement de toutes les dettes « exigibles ou non exigibles, mais seulement « jusqu'à concurrence du prix. » (Persil, article 2184).

Ici se pose naturellement une question relative à la constitution des rentes viagères. Supposons, pour l'éclaircir, que mon vendeur ait constitué au profit d'un tiers une rente viagère, et lui ait donné pour sûreté une hypothèque sur sa maison; j'achète aujourd'hui la maison, je veux purger, puis-je le faire? puis-je rembourser à ce crédi-rentier la valeur de sa rente hypothéquée sur ma maison?

Certains auteurs veulent me refuser ce droit, en prétendant que mon remboursement serait contraire aux principes mêmes des rentes viagères, puisque, d'après l'art. 1979, le constituant est obligé, sans pouvoir s'affranchir de cette nécessité, de servir la rente pendant toute la vie de la personne ou des personnes sur la tête desquelles cette rente a été constituée, et que, par conséquent, la rente doit subsister intacte jusqu'au décès du crédi-rentier, avec tous ses privilèges et accessoires. (Dalloz, *Hyp.*, page 373, n° 31.—Persil, art. 2184).

Je pense, néanmoins, que ma position de tiers acquéreur ne peut être assimilée à celle du débiteur même de la rente, et qu'en conséquence l'article 1979 qui interdit au constituant la faculté de rembourser, ne peut pas m'être appliqué à moi simple détenteur de la maison hypothéquée, avec une égale rigueur; en outre, l'art. 2186 me semble consacrer ce droit à mon profit, puisqu'il permet de purger tout privilége ou hypothèque. Il n'y a donc pas d'exception dans notre législation pour les rentes viagères, puisque, au contraire, tout le système du Code incline vers la libération des immeubles (Troplong, n° 927. *Priviléges et hypothèques*, tom. 4).

Je tâcherai donc de m'entendre avec le crédirentier pour fixer le prix à lui rembourser. Si je ne puis y parvenir, M. Duranton pense qu'il me faudra déposer, dans les limites de mon prix, une somme capable de produire des intérêts égaux aux arrérages de la rente. (Duranton, *Purge des hyp. insc.*).

Dans le cas où des créances conditionnelles sont hypothéquées sur l'immeuble que j'achète, j'ai encore le droit de les purger, et je dois offrir de les acquitter; mais comme elles ne sont encore qu'éventuelles, il me faudra, en attendant que la condition se réalise ou vienne à défaillir, consigner une somme équivalente au montant de ces créances pour en assurer le paiement.

Plusieurs autres questions assez graves ont été soulevées à propos des notifications et des offres que le tiers détenteur fait aux créanciers en vertu de l'art. 2184.

Nous devons en examiner brièvement quelques-unes.

D'abord, la loi n'a pas dit si, parmi les énonciations qui doivent entrer dans les notifications, il y en avait qui fussent plus importantes que d'autres; ce qu'il y a de certain, c'est que la loi n'a pas dit non plus que les prescriptions de cet article étaient édictées à peine de nullité; aussi devons-nous apporter une certaine indulgence dans l'appréciation des éléments qui doivent entrer nécessairement dans ces notifications, et dont l'omission les entacherait de nullité.

Ainsi, pour ce qui est du prix offert, son énonciation nous semble indispensable, puisque ce doit être la base de la surenchère des créanciers, et que la double proposition qui lui est faite de recevoir le prix proposé ou de surenchérir, ne peut être acceptée que suivant qu'ils considèreront ce prix comme représentant plus ou moins bien la valeur de l'immeuble : aussi pensons-nous que ce n'est pas seulement en cas de vente ou de donation, comme le dit l'art. 2183 1°, que le tiers-acquéreur doit offrir une somme positive aux créanciers, mais dans tous les autres cas d'aliénation, à titre gratuit ou à titre onéreux. La Cour de cassation n'admet pas cette opinion, et soutient, en s'appuyant sur le texte même de l'art. 2183, que c'est seulement en cas de donation que le tiers acquéreurs doit faire une évaluation du bien dont il devient propriétaire. Mais nous ne saurions nous laisser convaincre par cette raison tirée d'un texte assez peu positif, et nous ne voulons pas décider qu'un coéchangiste doit simplement annoncer aux créanciers qu'il y a eu échange de l'immeuble hypothéqué à leurs créances, sans leur dire quel prix il leur offre pour l'extinction de leurs hypothèques, c'est forcer les créanciers à faire eux-mêmes une évaluation que la loi ne leur impose pas. qu'ils ont beaucoup de chances de ne pas faire d'une manière exacte; c'est, en conséquence, les pousser à surenchérir, ce qui ne doit pas être dans l'esprit de la loi. (Voir Sirey, 15, 1, 207. — Troplong, *Privilèges et hypothèques*, 4, n° 925).

Si le prix a été énoncé dans les offres de l'acquéreur, mais a été énoncé d'une manière inexacte, nous ne déciderons pas pour cela, comme l'ont fait certains auteurs, que les notifications soient entachées de nullité: si ce prix a été exagéré, ce peut être de la part de l'acquéreur une erreur volontaire, que lui a inspirée la crainte des surenchères, et nous déciderons alors qu'il doit aux créanciers ce prix qu'il leur a offert, et non plus le prix réel. Si, au contraire, il a offert un prix inférieur, et qu'il n'y ait pas de surenchère, il n'en devra pas moins le prix réel de la vente.

Mais est-ce le prix seul, ou bien le prix augmenté des intérêts qu'il doit produire, que le tiers acquéreur est obligé d'offrir aux créanciers? La question est controversable. M. Grenier la résout au moyen d'une distinction : ou bien le tiers acquéreur, dit-il, a été sommé de payer son prix ou de délaisser, et alors cette sommation a immobilisé les intérêts entre les mains de ce tiers acquéreur, qui les doit aux créanciers à partir de la sommation qui lui est faite; ou bien le tiers acquéreur a prévenu les créanciers, et leur a fait des offres avant toute sommation de leur part, et alors il ne doit pas les intérêts de son prix, ou du moins il ne les doit que du moment où il a adressé les notifications, où il a proposé d'acquitter son prix. Cette solution ingénieuse semble avoir été reproduite dans un arrêt de la Cour de Caen du 23 avril 1826. Néanmoins, nous ne pensons pas qu'elle soit parfaitement en rapport avec les principes de la vente et ceux de la purge.

D'abord, dans la plupart des cas, pour ne pas dire dans tous les cas, les intérêts seront dus par l'acheteur au vendeur à partir de la vente elle-même, et non pas seulement à partir de la sommation, car presque toutes les choses susceptibles d'être hypothéquées, et, par suite, d'être purgées, rentrent dans la classe des choses que la loi nomme frugifères. Si donc les intérêts du prix sont dus à partir de la vente, ils sont une charge du prix, et, conformément à l'article 2183, l'acheteur doit proposer de verser le prix et ses charges entre les mains des créanciers hypothécaires; ce serait donc tout à la fois méconnaître les droits de ces créanciers et violer la loi, que de décider que les intérêts du prix ne doivent pas, comme le prix lui-même, être abandonnés aux créanciers. Ce système est cependant combattu, et on lui oppose l'article 2176, d'après lequel les fruits de l'immeuble hypothéqué ne sont dus par le tiers détenteur qu'à compter du jour de la sommation de payer ou de délaisser; et, dit-on, si les fruits de l'immeuble ne sont dus qu'à partir de la sommation, les intérêts du prix ne doivent pas remonter à une époque plus éloignée.

Mais en faisant cette objection, qui, du reste, a bien pu servir de point de départ au système de M. Grenier, on ne remarque pas qu'il n'y a aucune analogie possible entre le cas prévu par l'article 2176 et celui de l'article 2183. Le premier suppose que le tiers détenteur ne veut pas purger, et répond à la sommation qui lui est faite en délaissant l'immeuble, en abandonnant aux créanciers leur gage, c'est-à-dire l'immeuble et les fruits immobilisés par la sommation. Dans le second, au contraire, il s'agit d'un acquéreur qui purge, qui entend conserver l'immeuble, et qui propose pour cela de payer aux créanciers ce que le contrat de vente l'obligeait de payer au vendeur, le prix et les charges, le prix et les intérêts du prix; rien, dans ce résultat, ne nous semble contraire ni à la loi, ni aux droits des créanciers, ni même aux intérêts de l'acheteur. (Voir Troplong, *Hypothèques*, t. 4, n° 929).

Ici se termine, avec la transcription, les notifications, et l'offre de verser immédiatement son prix entre les mains des créanciers, le rôle du tiers acquéreur; il a publié son contrat, il a averti tous ceux qui pouvaient y prendre intérêt, qu'il a entre les mains telle somme, représentative de la valeur de son immeuble, et qu'il consent à la livrer immédiatement à qui de droit; on ne peut rien lui demander de plus. Désormais, le reste de la purge pourra s'achever sans aucune participation immédiate de sa part : mais, avant de l'abandonner, nous devons nous demander quelle est sa position actuelle, s'il n'est encore, comme au commencement de cette procédure, qu'un simple détenteur, ou bien si les notifications qu'il a faites ne l'ont pas obligé personnellement envers les créanciers, jusqu'à concurrence du prix qu'il leur a offert.

Tout l'intérêt de cette question apparaît, si nous supposons que, pendant le délai de quarante jours qui est donné aux créanciers pour prendre un parti sur les propositions qui leur sont faites dans les notifications, l'immeuble vienne à périr. Que le tiers détenteur soit devenu obligé personnellement, cette perte de l'immeuble ne le soustrait pas à l'action des créanciers hypothécaires, qui sont actuellement ses créanciers personnels. Qu'on le déclare au contraire simple détenteur, il n'est plus qu'un étranger pour les créanciers, il n'est plus lié envers eux par aucune obligation, et même il pourra, s'il se repent de la détermination qu'il a prise de purger, retirer ses offres si elles ne sont pas encore acceptées. C'est entre ces deux partis que se divisent les auteurs; d'abord, il est incontestable que les offres de ce tiers déteur, une fois acceptées par les créanciers, ne peuvent plus être retirées; qu'il est, dans ce cas, un véritable débiteur. Il est encore évident que si les quarante jours donnés aux créanciers pour surenchérir se sont écoulés sans qu'ils aient fait aucune réquisition de cette nature, le tiers détenteur est encore obligé personnellement : le prix est fixé, il le doit.

Il est également certain que si les créanciers ont fait, dans les délais utiles, une réquisition de mise aux enchères, cette détermination prise par eux à la suite des notifications qui leur sont faites, libère complètement le débiteur dont les offres ne sont pas admises.

Il ne reste donc plus d'incertitude que pour le cas où les créanciers n'ont pas pris de détermination, et se trouvent eucore dans les délais utiles pour surenchérir. On peut se demander alors si le tiers détenteur a le droit de prétendre que les notifications qu'il a faites ne l'ont pas, par elles seules, obligé, et s'il peut, en conséquence, changer d'avis, révoquer ses offres et abandonner l'immeuble. Pour nous, nous ne le pensons pas; nous croyons que ce tiers détenteur ayant fait offre de payer son prix aux créanciers du vendeur, les a en quelque sorte considérés comme occupant à son égard la place du vendeur lui-même, et qu'à moins de contester leurs droits de créanciers, il ne peut plus changer sa position vis-à-vis d'eux ; il est leur débiteur personnel, jusqu'au moment où ces créanciers repoussant son offre, ne voulant pas l'accepter comme débiteur, requerront la mise aux enchères, comme l'article 2185 leur en accorde le droit. Cette opinion est soutenue par M. Grenier (tome II, n° 458), par M. Dalloz, et par M. Persil, qui la formule en ces termes :

« Par les offres qu'il a faites de payer « jusqu'à concurrence de son prix, l'acqué- « reur s'est obligé personnellement, et voilà « pourquoi il ne pourra plus se libérer en dé- « laissant l'immeuble. Ce ne serait qu'autant « qu'il surviendrait une surenchère qu'il serait « dégagé de son obligation; sans cela, elle dure- « rait trente ans. » (Persil, *Priv. et hyp.*, tome II, article 2184.)

CHAPITRE III.

SURENCHÈRE.

§ Ier. — *Choix des créanciers entre le prix offert et la surenchère.*

Les créanciers, par suite même des notifications qui leur sont adressées, ont à choisir entre deux voies qui s'ouvrent devant eux : de même que le tiers acquéreur, après les sommations qui lui sont faites, peut se dessaisir de l'immeuble ou offrir aux créanciers de leur payer son prix; de même, ces créanciers, à la suite de ces notifications, ont à choisir ou bien le prix offert, ou bien les chances d'une surenchère. Telle est leur position; cette faculté fait toute la force de l'hypothèque, et le droit de surenchère est la plus puissante garantie donnée aux créanciers d'un vendeur que la vente n'est pas faite en fraude de leurs droits, que le prix n'en a pas été dissimulé, et que l'immeuble sera toujours porté à sa véritable valeur; aussi a-t-on dit avec beaucoup de raison, que la surenchère était le nerf de l'hypothèque.

Mais aussi, ce choix peut être embarrassant, et chacun des créanciers a quarante jours pour réfléchir et se décider, à partir des notifications qui lui sont faites. Si, dans ce délai, aucun des créanciers ne requiert la mise aux enchères, rien de plus simple : le prix demeure invariablement fixé à la somme offerte par le tiers acquéreur. Un ordre est ouvert, les créanciers sont payés jusqu'à concurrence de ce prix, et toutes les hypothèques qui grevaient cet immeuble se trouvent à tout jamais effacées. Ce n'est pas, il faut bien le remarquer, l'absence de toute réquisition de surenchère dans les délais légaux qui opère la purge des hypothèques, il faut que le tiers détenteur ait payé la somme offerte, ou du moins qu'il l'ait déposée à la Caisse des consignations.

Cette acceptation pure et simple du prix offert

par l'acquéreur, les créanciers la préféreront à la revente aux enchères, dans tous les cas où l'estimation qu'ils feront de la valeur de l'immeuble ne leur inspirera pas l'envie de proposer un dixième en sus du prix qui leur est offert; car ils reconnaîtront par là implicitement que leur débiteur a vendu l'immeuble à sa véritable valeur, et qu'il en a retiré tout ou à peu près tout ce qu'il pouvait en retirer.

Ils accepteront encore le prix proposé lorsque ce prix, quoiqu'inférieur en réalité à la valeur de l'immeuble, sera suffisant pour qu'ils soient tous payés. Dans ces deux cas, en effet, aucun intérêt ne peut les pousser à surenchérir et à faire des frais inutiles; ils ne peuvent demander que deux choses : ou bien que l'immeuble soit vendu sa véritable valeur, ou bien que leurs créances soient acquittées; dès lors que les propositions du tiers-détenteur ont pour résultat de satisfaire l'une ou l'autre de ces prétentions, rien ne peut motiver de leur part une réquisition de surenchère.

Comme nous le voyons, les créanciers, pour se décider, ont bien des choses à examiner et à peser. Afin donc qu'ils prennent leur parti en connaissance de cause, il faut qu'ils puissent comparer le prix de la vente à la valeur réelle de l'immeuble; c'est pourquoi on leur fait des notifications, et c'est aussi pourquoi nous avons décidé que dans toutes les notifications, le tiers détenteur qui purge doit insérer le prix de la vente ou l'évaluation de l'immeuble qu'il reçoit. S'il s'agit d'une donation ou d'un échange, ou même si la vente est faite moyennant certaines charges, certaines valeurs indéterminées, comme des obligations de faire, des rentes à servir, il doit en faire l'évaluation. Comment, en effet, proposer sérieusement aux créanciers de surenchérir, si on ne leur indique pas la base même de la surenchère, la somme précise au-dessus de laquelle ils devront faire monter leurs offres? Nous ne pensons pas qu'il puisse s'élever de doutes sérieux sur cette question.

§ II. — *Réquisition de surenchère.*

Les créanciers qui peuvent surenchérir sont tous les créanciers inscrits dans les délais utiles; ce ne sont pas seulement les créanciers qui ont reçu des notifications, et qui, par conséquent, étaient déjà inscrits au moment de la transcription, mais aussi ceux qui se sont fait inscrire dans le délai de quinzaine qui la suit, puisque, comme le dit l'article 834 du Code de procédure, ils peuvent encore s'inscrire dans ce délai. Par cette raison qu'il n'y a que les créanciers inscrits qui peuvent requérir la surenchère, il n'y a évidemment que les créanciers hypothécaires ou privilégiés qui jouissent de ce droit, puisqu'eux seuls ont un droit de préférence sur le prix de cet immeuble vendu, et peuvent prendre inscription sur lui. Mais aussi, la règle que nous posons, et suivant laquelle nul ne peut provoquer la mise aux enchères s'il n'est inscrit, ne souffre aucune exception. «L'article 834 « du Code de procédure civile a toléré que les « créanciers privilégiés et ceux ayant hypothè- « que judiciaire ou conventionnelle, qui n'au- « raient pas inscrit leurs titres lors de l'aliéna- « tion, fussent reçus à requérir la mise aux en- « chères; mais en justifiant de l'inscription qu'ils « auront prise depuis l'acte translatif de pro- « priété, et, au plus tard, dans la quinzaine de la « transcription de cet acte. L'hypothèque légale « des femmes et des mineurs sur les biens des « maris et des tuteurs existe indépendamment « de toute inscription; et néanmoins, s'ils veu- « lent exercer le droit de suite contre un tiers « détenteur qui a fait le dépôt au greffe, la si- « gnification et l'affiche prescrits, l'art. 2194 « exige que l'inscription de leur titre soit faite « par eux ou pour eux dans le délai de deux « mois qui forme la durée des affiches.... De même, en se fondant sur l'art. 832 qui dit : Tout créancier dont le titre est inscrit peut réquérir.... on arrive à constater que l'état et les communes pour leur hypothèque sur les biens des comptables, le légataire pour son hypothèque sur les biens de la succession, et même les créanciers ayant les privilèges généraux de l'art. 2101, ont besoin de s'inscrire dès qu'ils veulent exercer leur droit de suite et requérir la mise aux enchères.

L'art. 2198 du Code civil prévoit le cas où un créancier ayant pris inscription avant même la transcription du titre, aurait été omis dans le certificat des inscriptions que le conservateur donne au tiers détenteur pour lui faire connaître la position hypothécaire de l'immeuble, et décide que ce créancier omis qui, par conséquent, ne reçoit pas de notifications, ne peut s'en prendre du préjudice qu'il éprouve qu'au conservateur; mais cet art. 2198 ne peut pas enlever à ce créancier omis le droit de surenchérir; il jouit, au contraire, de cette faculté accordée à tout créancier inscrit, qu'il reçoive ou ne reçoive pas de notifications. On ne peut donc pas dire, comme les termes de l'art. 2198 sembleraient y autoriser, que la seule omission d'une hypothèque dans le certificat délivré par le conservateur, affranchit l'immeuble de cette hypothèque omise, puisque les délais utiles pour surenchérir ne sont pas encore passés, et que c'est l'inscription même sur le registre du conservateur qui donne le droit de surenchérir. (834 et 835 du C. de procédure civ.)

Le droit de surenchérir n'est pas un droit personnel ; il peut être exercé non-seulement par le créancier hypothécaire, mais par ses cessionnaires et ayant-droits (1); toutefois, on a demandé s'il appartenait au débiteur solidaire, qui par le paiement de la dette commune se trouvait subrogé aux droits des créanciers. Pour que cette question se soulève, il faut nécessairement supposer l'admission du système qui fait reposer la subrogation sur une cession de créance faite par le subrogeant au subrogé, système que nous proposons d'admettre sans vouloir le dis-

(1) On s'est demandé si le créancier d'un co-propriétaire indivis, inscrit sur l'immeuble, peut surenchérir sur le prix de vente de la totalité de l'immeuble, en sorte que l'acquéreur puisse être dépossédé du tout ? Pour nous, nous sommes de cet avis, et ainsi, un immeuble indivis vendu par licitation pourra être surenchéri pour la totalité par un créancier inscrit sur la moitié seulement, c'est tout-à-fait conforme à la nature de l'hypothèque et à la nature du droit de propriété indivise, car il en résulte que le droit du créancier hypothécaire pèse comme le droit du propriétaire par indivis lui-même sur une fraction de chaque parcelle de l'immeuble, ce qui du reste est conforme à un arrêt de la cour de Paris du 16 juillet 1832 (Voir Carré Chauveau, tom. 5, n. 2498).

cuter ; mais si on adoptait l'autre opinion suivant laquelle un subrogé, n'étant subrogé que pour avoir géré l'affaire du subrogeant, n'a pas de recours contre les tiers-détenteurs de l'immeuble hypothéqué à la dette, la question n'aurait plus d'intérêt. Pour nous, nous pensons que le co-débiteur qui a payé la totalité de la dette solidaire, jouit aussi du droit de surenchérir, puisque c'est une suite de l'hypothèque, puisque souvent c'est la seule manière de l'utiliser. A la vérité, on fait une objection; on prétend que s'il est vrai que le co-débiteur puisse surenchérir, ce ne peut être qu'autant qu'il a fait inscrire son acte de subrogation, car, ajoute-t-on, ce droit n'est accordé par l'art. 2185 qu'au créancier inscrit.

« Cette objection, dit M. Persil, est vraiment « puérile : si l'hypothèque prenait naissance « dans l'acte de subrogation, si elle n'avait pas « encore été rendue publique, on conçoit qu'il « fût possible de refuser au subrogé le droit de « surenchérir, le droit de faire porter l'immeuble à sa véritable valeur; mais l'hypo- « thèque prend son origine dans l'acte primitif, « mais l'hypothèque a été rendue publique par « l'ancien créancier, et c'est au nom de celui-ci « que le co-débiteur solidaire qui a payé, vient « surenchérir. Si le créancier avait ce droit, le

« co-débiteur peut l'exercer; ou autrement, il « n'est pas vrai de dire qu'il soit subrogé dans « tous ses droits.» (Persil, *hyp.*, art. 2185.) C'est ce qu'a jugé la cour de Paris le 2 mars 1809.

La loi, comme nous le verrons plus tard, a déterminé des formalités particulières pour porter le titre d'aliénation à la connaissance des créanciers qui jouissent d'une hypothèque légale dispensée d'inscription : ces créanciers sont avertis d'une manière plus formelle que les autres, et ont un délai plus considérable pour requérir l'inscription de leurs hypothèques ; mais si, renonçant à ces faveurs, la femme ou le mineur ont pris leurs inscriptions avant la transcription, et ont reçu en conséquence des notifications comme tous les autres créanciers inscrits, il devront être traités, ainsi que ces derniers, comme s'ils n'étaient pas protégés d'une manière spéciale ; ils se sont inscrits, leurs droits sont reconnus, il sont mis comme les autres en demeure de surenchérir, ils ont donc complètement renoncé au droit exceptionnel que le législateur avait introduit pour les protéger.

Nous avons dit en quelques mots dans quels cas les créanciers auront intérêt à accepter immédiatement le prix qui leur est offert par les notifications de l'acquéreur ; mais, au contraire, ils choisiront la remise en vente, si le prix est tout à la fois inférieur au montant des sommes inscrites, et à la valeur réelle de l'immeuble; car, alors, les derniers inscrits, ceux qui ne seraient pas payés sur la somme offerte, pourront, dans l'espoir d'obtenir, à la chaleur des enchères, un prix supérieur à cette somme, demander que l'immeuble soit remis en vente. (Voir Mourlon, 3e examen, *Purge*, généralités.)

Le délai dans lequel les créanciers inscrits peuvent requérir la mise aux enchères, est formellement déterminé par l'art. 2185; il est de quarante jours, qui commencent pour chaque créancier du jour où il reçoit les notifications, et ce délai est augmenté de deux jours par cinq myriamètres de distance entre le domicile élu et le domicile réel de ce créancier (1) : « Ainsi, « tout créancier ayant hypothèque judiciaire « ou conventionnelle, non inscrite lors de l'alié- « nation, devra prendre inscription dans ce « délai, s'il veut user de la surenchère; s'il « laisse passer ce délai, il ne pourra plus s'ins-

(1) La distinction entre ces deux domiciles vient de ce que, d'après les termes de l'art. 2148, le créancier hypothécaire est obligé de mentionner deux domiciles, l'un d'élection dans le ressort du tribunal où est situé l'immeuble, l'autre le domicile réel.

« crire utilement, et, conséquemment, il ne « pourra plus user de la faculté de mise aux « enchères.

« On doit en dire autant de tous créanciers « ayant privilèges, puisque l'art 834 du Code « de procédure civile les met dans la même ca- « tégorie, et les assujettit aux mêmes règles... « Nulle raison ne paraît devoir dispenser l'Etat, « les communes et les établissements publics « ayant hypothèque légale sur les biens des « comptables, non plus que les légataires ayant « hypothèque légale sur les immeubles de la « succession, de prendre inscription dans le « même délai de quinzaine à partir de la tran- « scription (1), » puis de requérir, s'il y a lieu, la mise aux enchères dans les quarante jours à partir des notifications qu'ils reçoivent.

Rien n'est plus simple, quand on suppose que tous les créanciers hypothécaires étaient inscrits au moment de la transcription, et qu'ils ont reçu des notifications. Mais il s'élève une difficulté sérieuse, lorsque, parmi les créanciers hypothécaires, les uns reçoivent des notifications, parce qu'ils se sont inscrits avant la transcription, et les autres n'en reçoivent pas parce qu'ils se sont inscrits dans le délai de quinzaine dont parle l'art. 834 du Code de procé-

(1) Tarrible, *Transcription*, § 5.

dure, et que, suivant le texte même de l'art. 835, le tiers détenteur n'est pas obligé de leur en adresser.

Quand commence pour eux le délai de quarante jours durant lequel ils pourront requérir la mise aux enchères? Comment, d'un autre côté, pourront-ils apprécier si leurs intérêts exigent que l'immeuble soit ou ne soit pas remis en vente, si aucune notification ne leur donne les détails indispensables touchant la vente de l'immeuble sur lequel ils ont hypothèque; s'ils ne connaissent pas le prix qui leur est offert et au-dessus duquel doit monter leur offre de surenchère ?

Cette difficulté nous montre combien a été rapide et peu complète la rédaction des deux articles 834 et 835 du Code de procédure, qui posent des principes fort importants en matière de droit de suite, et qui n'ont en aucune manière prévu les conséquences auxquelles ils conduisaient.

Aucun texte du Code ne peut servir à trancher cette difficulté; nulle part ailleurs la loi n'indique d'autre point de départ au délai de surenchère que la réception de la notification; aussi, suivant certains auteurs, ce délai courra, pour les créanciers qui ne s'inscrivent que dans la quinzaine, du jour où la première notification aura été reçue par leurs co-créanciers inscrits; suivant d'autres, du jour, au contraire, de la dernière notification; suivant d'autres encore, dont nous proposons d'adopter l'opinion, ce délai commencera à courir du jour même de la transcription du contrat : car cette transcription est en matière de purge ordinaire le véritable mode de publicité, c'est la transcription qui met les créanciers en demeure de s'inscrire, et qui leur donne les premiers détails sur la vente de l'immeuble. Elle n'est pas, comme la notification, adressée à une personne en particulier, mais à tous ceux qui peuvent prendre intérêt à l'aliénation de la chose. C'est donc à partir de la transcription même que nous ferions commencer pour les créanciers de l'art. 835 le délai de réquisition de surenchère.

Encore pensons-nous que la transcription ne doit ainsi servir de point de départ pour la réquisition de surenchère qu'au cas où il s'agit d'une vente dont le prix est une somme d'argent parfaitement déterminée dans le contrat, et dont, par conséquent, les créanciers qui ne reçoivent pas de notifications peuvent prendre connaissance par la seule lecture de la transcription de ce contrat. Mais s'agit-il d'une donation, d'une vente dont le prix n'est pas une somme d'argent? les créanciers ne peuvent plus être suffisamment renseignés par la seule inspection de la transcription du titre, ils ne peuvent pas apprécier la nécessité ou l'inutilité d'une surenchère, et, par conséquent, nous pensons qu'en l'absence de tout texte il est conforme à l'esprit de la loi que ces créanciers qui ne reçoivent pas de notification puissent, dans ce cas, sommer le tiers détenteur de leur faire connaître le prix de la vente ou l'estimation de l'immeuble donné, et de les mettre par ce moyen en position de surenchérir. Cette solution nous semble fort raisonnable, et, proposée qu'elle est par quelques professeurs éminents, nous l'adoptons sans pouvoir cependant donner d'autres arguments pour la soutenir, car nous sommes ici sur un terrain que le législateur n'a pas visité et qui a été exploré par les auteurs, sans qu'aucun d'eux ait pu prendre pour guide un texte de loi; aussi n'est-ce pas le seul système proposé. Un assez grand nombre de jurisconsultes décident que les créanciers qui n'ont pas reçu eux-mêmes des notifications pourront fort bien, en s'adressant aux autres créanciers qui en ont reçu, obtenir d'eux les renseignements qui leur sont nécessaires et qu'ils ne trouvent pas dans l'acte de transcription. Cela peut bien être, sans doute, mais il y a un cas cependant où les partisans de ce système sont dans la nécessité de revenir au nôtre, c'est quand, au moment de la transcription, il n'y avait aucune hypothèque inscrite, et, par conséquent, aucune notification n'a été adressée. Évidemment, dans cette supposition, les créanciers, pour avoir des renseignements, ne peuvent s'adresser qu'au tiers détenteur, lui seul peut les éclairer; et c'est précisément ce résultat auquel on arrive forcément dans une espèce, que nous proposons d'adopter comme solution générale de toutes les difficultés analogues.

Au reste, en terminant l'examen de ces difficultés, nous devons bien reconnaître que cette discussion qui peut être intéressante en théorie, n'a pas d'importance en pratique : on a tourné la difficulté de manière à concilier tout à la fois les intérêts du tiers-détenteur et des créanciers, et cela dans le sens où le législateur s'expliquerait probablement, s'il était appelé à donner un jour, par une mesure législative, la solution de cette difficulté. Le détenteur qui veut purger ne fait pas ses notifications immédiatement après la transcription, il attend que le délai de quinzaine se soit écoulé, et ainsi il a la certitude que les créanciers inscrits à ce moment sont les seuls qui aient droit de s'inscrire, il leur fait à tous des notifications, et les met ainsi tous en demeure de purger avec connaissance de cause.

Passons aux formalités intrinsèques de la réquisition de surenchère. Ces formalités sont énumérées dans l'art. 2185 du Code Napoléon, qui s'exprime ainsi : « Lorsque le nouveau « propriétaire a fait cette notification dans le « délai fixé, tout créancier dont le titre est ins-« crit peut requérir la mise de l'immeuble aux « enchères et adjudications publiques, à la « charge : »

« 1° Que cette réquisition sera signifiée au nou-« veau propriétaire dans 40 jours au plus tard « de la notification faite à la requête de ce der-« nier, en y ajoutant 2 jours par 5 myriamètres « de distance entre le domicile élu et le domicile « réel de chaque créancier requérant;

« 2° Qu'elle contiendra soumission du re-« quérant de porter ou faire porter le prix à « un dixième en sus de celui qui aura été sti-« pulé dans le contrat, ou déclaré par le nou-« veau propriétaire;

« 3° Que la même signification sera faite « dans le même délai au précédent proprié-« taire débiteur principal;

« 4° Que l'original et les copies de ces exploits « seront signés par le créancier requérant ou « par son fondé de procuration expresse, le-

« quel, en ce cas, est tenu de donner copie de « sa procuration;

« 5 Qu'il offrira de donner caution jusqu'à « concurrence du prix et des charges. Le tout « à peine de nullité. »

La première observation à faire, outre celles qui nous ont déjà arrêté à propos du délai utile pour requérir la mise aux enchères, doit porter sur la soumission exigée de la part du requérant de faire porter le prix à un dixième en sus de celui proposé par l'acquéreur (1) ; la loi exige que cette surenchère s'élève au moins à un dixième, parceque : « Il ne faut pas, dit un « des commentateurs du Code, que l'acquéreur « soit troublé dans son acquisition par la pers- « pective irréfléchie que pourraient avoir les « créanciers de faire monter la valeur de l'im- « meuble à un taux plus élevé, au moyen d'en- « chères qui, en définitive, ne produiraient « qu'un très-léger bénéfice. Tout en jetant les « yeux sur les créanciers inscrits bien dignes « d'être favorisés, la loi ne devait pas cepen- « dant perdre tout égard pour le titre de l'ac- « quéreur. La prudence exigeait donc qu'on « n'admît le créancier à requérir la mise aux

(1) La loi de brumaire exigeait seulement que cette surenchère s'élevât à un vingtième (Loi du 11 brumaire an VII, art. 31).

« enchères, qu'autant qu'il s'obligerait à porter « ou faire porter la valeur de la chose à une « valeur supérieure au moins du dixième « au prix déterminé ou déclaré (1). »

C'est cette nécessité, pour le créancier qui veut surenchérir, d'offrir un dixième en sus du prix proposé dans les notifications, qui nous a fait décider que ces notifications devaient contenir une évaluation parfaitement déterminée du prix ou charges de la vente, et de la donation immobilière. Aussi, quand on demande si les créanciers doivent faire porter la surenchère sur les portions du prix non évaluées dans la notification, nous n'hésitons pas à soutenir que cette obligation ne saurait leur être imposée, qu'elle constituerait une aggravation de leur position inadmissible en l'absence d'un texte formel de la loi. En outre, aucune sanction ne peut garantir l'appréciation que l'on voudrait ainsi imposer aux créanciers, rien ne les empêcherait d'évaluer les charges d'une vente à une somme des plus minimes, de faire par suite une surenchère dérisoire, et de trou-

(1) Ce sont les mêmes raisons qui ont fait fixer à un sixième la surenchère que peut proposer tout individu dans la huitaine de l'adjudication qui suit toute vente en justice, et à un dixième la surenchère qu'on peut faire dans la quinzaine qui suit l'adjudication des biens d'un failli.

bler, sans motifs sérieux, la propriété du nouvel acquéreur. La Cour de cassation, qui, par un arrêt du 3 avril 1815, a rejeté notre système, permet aux créanciers de faire, en termes généraux et sans déterminer aucune somme, la soumission de porter l'immeuble à un dixième en sus. « Mais M. Delvincourt a fort bien dé- « montré la faiblesse de cette solution. Toute « enchère doit se produire avec l'offre d'une « somme déterminée; sans cela, comment les « enchères successives pourraient-elles s'ou- « vrir et engager leur lutte pour se dépasser? « Comme la surenchère du dixième doit servir « de base à celles qui viendront ensuite, il faut « qu'elle se traduise nécessairement en une « somme fixe et précise, afin qu'on sache « quelle est la mise, et qu'on se décide à la « couvrir, s'il y a lieu. » (V. Troplong, *Hyp.*, t. 4, nº 935.—Delvincourt, t. 3, p. 365, note 5.)

Mais si, avec le prix, l'acheteur s'est engagé à payer certaines charges, certains frais de la vente, nous pensons que pour savoir si la surenchère des créanciers doit également porter sur ces frais, il faut se demander qui en profite? Est-ce le vendeur ou l'acheteur? Nous pensons que la surenchère du dixième doit porter sur tout ce qui profite au vendeur; ainsi, l'acheteur supporte en général les frais de mutation, les frais de rédaction de l'acte de vente, les frais d'enlèvement de la chose, et, par conséquent, les créanciers ne devront pas faire porter leur surenchère sur ces valeurs. Les frais de délivrance, au contraire, sont, suivant l'article 1608, à la charge du vendeur; si donc une clause spéciale les met à la charge de l'acheteur, c'est un bénéfice fait au vendeur et sur lequel, par conséquent, doit porter la surenchère des créanciers.

La soumission de surenchère, dit Grenier, « est une promesse judiciairement faite, qui « emporte l'obligation de la part de l'enchéris- « seur de prendre l'immeuble pour le prix qu'il « offre » (Grenier, *hyp.*, tom. II, p. 370, n° 464); et, comme garantie de la sincérité et de la solidité de cette offre, la loi exige que dans l'acte même qui contient la soumission de surenchère, le créancier requérant présente une caution qui s'engage jusqu'à concurrence du prix et des charges ; bien entendu qu'il est nécessaire que cette caution soit solvable, autrement la surenchère elle-même serait nulle. Mais rien n'empêche, si le requérant ne peut trouver une caution, qu'il ne présente un objet quelconque en nantissement, tel, comme dit l'art. 832, qu'une somme d'argent ou des rentes sur l'Etat. Mais on ne pourrait pas remplacer ces sûretés par une hypothèque sur les biens du requérant; non pas que dans certains cas la garantie ne fût tout aussi complète, mais à cause des longueurs qui accompagneraient nécessairement cette conversion de l'hypothèque en une somme d'argent.

La caution exigée pour la validité de la surenchère peut devenir insolvable après son acceptation, et, dans ce cas, on a jugé que le créancier n'était pas déchu du droit de surenchérir; qu'en présentant sa caution, il n'avait pu répondre que de sa solvabilité actuelle, et nullement de ce qui pourrait survenir dans la suite, et qu'en conséquence il devait en présenter une autre et poursuivre la vente. On s'est néanmoins opposé à cette décision, en disant que dans la pratique cette tolérance amènerait des résultats fâcheux, et que le créancier requérant, au lieu de chercher une caution solvable, conformément à l'article 832 du Code de procédure, présenterait la première venue, certain de pouvoir ensuite en faire agréer une autre si la première était insolvable. A cette objection nous ferons observer qu'il ne suffit pas de donner la première caution venue, qu'il faut que cette caution soit d'une solvabilité prouvée au moment où on la présente; que si on en présentait une insolvable, la réquisition serait nulle par ce seul fait, quand même cette caution deviendrait postérieurement solvable, et le créancier serait ainsi privé du droit de surenchérir, à moins qu'il ne se trouvât encore dans les délais utiles, et ne fît une nouvelle réquisition. On s'est demandé si la caution ainsi exigée par l'article 2185 était une caution légale ou une caution judiciaire, et la question n'est pas sans importance, puisqu'aux termes de l'article 2040 du Code Napoléon, la caution judiciaire ne doit pas seulement réunir les conditions générales de capacité, de solvabilité et de domicile énoncées dans les articles 2018 et 2019, mais qu'elle doit encore être susceptible de contrainte par corps, et qu'elle est privée de la faculté d'invoquer le bénéfice de discussion. Pour nous, nous pensons qu'il s'agit ici d'une caution légale ; il est vrai qu'elle est reçue en justice et qu'un jugement prononce son admission, mais c'est la loi elle-même qui impose l'obligation de présenter cette caution, le tribunal n'intervient que comme vérificateur ; aussi pensons-nous qu'une femme pourrait valablement se porter caution d'une réquisition de surenchère, bien que la contrainte par corps n'ait pas de prise sur elle.

Le Trésor est dispensé de donner caution, on ne met pas en doute sa solvabilité.

Une question fort importante vient se placer

turellement ici : jusqu'à concurrence de quelle somme la caution doit-elle s'engager ? Est-ce jusqu'à concurrence du prix et des charges de la vente tels qu'ils ont été stipulés entre le tiers détenteur qui purge et son vendeur ? ou bien doit-elle s'engager, en outre, pour le dixième en sus de ce prix qui est offert par le créancier requérant ? La question est vivement débattue, et son importance est évidente, puisque tout en cette matière est exigé à peine de nullité, et que par conséquent il s'agit ici de la validité ou de la nullité de la réquisition de surenchère. A ne s'en tenir qu'aux expressions mêmes de l'article 2185, qui emploie les mêmes mots *prix* et *charges* déjà employés par l'article 2183 pour exprimer le sommes que l'acquéreur doit offrir aux créanciers dans ses notifications, on est tenté de décider qu'il n'est pas nécessaire au requérant de donner caution pour le dixième en sus, puisque la loi n'en parle pas : néanmoins, nous estimons que, par les mots prix et charges, l'article 2185 exprime autre chose que le prix mentionné dans le contrat de vente ou dans les notifications ; que le requérant, en faisant une offre de surenchère, reconnaît que le prix réel de l'immeuble est la somme à laquelle il se fait fort de le faire monter lors de la remise en vente ; et par conséquent on est fondé à croire que le dixième en sus fait partie du prix et doit être en conséquence garanti par la caution. Si, après avoir repoussé cet argument, nous recherchons quelles sont les fonctions de la caution, pourquoi la loi impose au créancier l'obligation d'en fournir une, nous verrons que l'esprit même de la loi vient justifier notre système. Lorsque la loi permet de dépouiller un acquéreur légitime, elle ne s'y décide que parce qu'il doit en résulter un avantage pour la masse des créanciers; or, c'est précisément le dixième en sus offert par l'enchérisseur qui fait l'avantage de cette masse; l'acquéreur légitime pourra donc résister à l'action en dépossession qui est exercée contre lui, tant qu'il n'aura pas une caution qui assure qu'il n'est évincé que pour l'intérêt commun. La caution doit donc couvrir, non-seulement le prix stipulé au contrat, mais encore le dixième en sus; sans cela, l'intérêt commun ne serait pas garanti.

Si maintenant nous jetons un coup d'œil sur les formalités intrinsèques de l'acte de réquisition, nous verrons que, conformément aux articles 2185 du Code civil et 832 du Code de procédure, le créancier doit faire signifier sa soumission à l'acquéreur par un huissier commis à cet effet sur simple requête, par le président du tribunal de première instance de l'arrondissement où les notifications auront lieu ; cette signification doit contenir constitution d'avoué près le tribunal où la surenchère et l'ordre doivent être portés. L'original et les copies des divers exploits doivent être signés par le créancier requérant, ou par son fondé de pouvoir. La procuration donnée à cet effet doit être expresse : mais nous pensons que cette procuration peut être donnée sous signature privée ; la loi ne veut ici qu'une seule chose, que la surenchère soit bien véritablement requise conformément à la volonté du créancier, et que ce ne soit pas l'avoué qui prenne sur lui cette réquisition. Aussi ce n'est pas seulement l'original, mais encore toutes les copies de l'exploit qui doivent porter la signature du requérant (1). Cette réquisition doit être nécessairement adressée au tiers détenteur qui purge, mais ce n'est pas tout : la loi veut aussi qu'elle le soit, dans le

(1) L'art. 2185 du Code civil est formel, et dit que tout ce qu'il ordonne est exigé à peine de nullité : mais faut-il étendre cette rigueur aux dispositions édictées par le Code de procédure, telles que la signification par l'huissier commis à cet effet, et la constitution d'avoué près le tribunal où est portée la surenchère? Cette question, qui avait donné lieu à de nombreuses controverses, a été tranchée par la loi de 1841, qui a formellement dit que toutes ses prescriptions étaient obligatoires à peine de nullité, ainsi qu'il résulte de l'art. 838, 3e alinéa, du Code de procédure.

même délai, au précédent propriétaire, au débiteur principal. La surenchère, en effet, n'est pas une opération qui soit indifférente à cet ancien propriétaire : d'abord, s'il est vendeur, il est tenu à garantie, et doit, par conséquent, protéger son acheteur contre le trouble que lui font éprouver les créanciers hypothécaires; en outre, si, lors de la vente, cet acquéreur se rend adjudicataire, il aura, en vertu de l'article 2192, un recours contre son vendeur, recours que celui-ci peut immédiatement prévenir en indemnisant les créanciers inscrits, en obtenant mainlevée de leurs inscriptions. (Voir Grenier, t. II, p. 329).

§ III. — *Conséquences de la réquisition de surenchère.*

Après avoir étudié les cas où il pourra être avantageux aux créanciers inscrits de surenchérir, et les formes dont la réquisition de surenchère devra être revêtue, nous devons naturellement passer aux conséquences qui découlent de cette surenchère. Ces conséquences sont fort importantes, et, pour les étudier avec ordre, nous commencerons par faire observer qu'elles peuvent intéresser trois classes de personnes distinctes : d'abord le créancier requérant, puisque la réquisition contient une obligation de sa part; ensuite les autres créanciers hypothécaires auxquels cette réquisition profite, et enfin le tiers détenteur, dont on a par la surenchère repoussé les offres, et dont on va vendre le bien.

Nous n'avons, bien entendu, à nous occuper ici que des réquisitions valables de surenchère; pour celles qui seraient entachées de nullité, elles ne peuvent produire aucun effet, et le tiers détenteur est alors dans la même position que si aucune réquisition ne lui avait été adressée dans les délais utiles, le prix de l'immeuble demeure fixé d'après les offres qu'il a faites dans les notifications adressées aux créanciers, et il obtient la complète libération de son immeuble en payant le prix aux créanciers ou en le déposant. Ainsi, on peut presque dire que cette position a été prévue par l'art. 2186, et si les faits supposés sont différents, la solution est néanmoins la même. Mais parlons de la surenchère valable. D'abord, et c'est de toute évidence, elle engage celui qui la requiert; il a refusé le prix qui lui était offert, il a dit à ses créanciers : on ne vous propose pas la valeur réelle de l'immeuble; qu'il me soit adjugé, et je m'engage à vous en payer un prix supérieur. Il était en droit de faire cette proposition, et, par conséquent, elle l'oblige, elle ne le lie pas seulement envers le tiers acquéreur qu'il s'efforce de dépouiller, mais aussi envers les autres créanciers, qui, en voyant ce requérant faire une surenchère, ont alors la certitude que l'immeuble sera remis en vente: ils peuvent dès lors s'en rapporter au surenchérisseur pour poursuivre la vente, car celui-ci ne peut plus se désister, il est obligé, et doit subir les conséquences de sa réquisition ; c'est, du reste, ce que dit l'art. 2190 du C. Nap. « Le « désistement du créancier requérant la mise « aux enchères ne peut, même quand le créan- « cier paierait le montant de la soumission, « empêcher l'adjudication publique, si ce n'est « du consentement exprès de tous les créan- « ciers. » Dans ce dernier cas, en effet, s'ils consentent, ils ne peuvent plus se plaindre.

Et cet article était indispensable pour déjouer une fraude qui aurait fort bien pu être préparée par une collusion entre le requérant et le tiers détenteur; ce dernier, dans ses notifications, aurait fait des offres inférieures à la valeur de l'immeuble; puis, si l'un des créanciers avait fait des offres de surenchère au moment de l'expiration des délais, le tiers détenteur aurait pu lui acheter son désistement, assez tard pour que les autres créanciers ne pussent plus former une surenchère en temps utile, et, par suite, le prix se serait trouvé fixé à la somme contenue dans les notifications.

Du reste, une fraude à peu près identique peut encore se produire; le créancier requérant n'aura, sur l'instigation du tiers détenteur, qu'à glisser sciemment une nullité dans sa soumission de surenchère; le tiers-détenteur ne la fera valoir qu'à l'expiration des délais, et arrivera par ce moyen au même résultat que tout-à-l'heure, c'est-à-dire à fixer d'une manière définitive le prix de l'immeuble dans ses notifications; aussi les créanciers qui peuvent redouter une pareille machination ourdie contre leurs intérêts, agiront-ils sagement en faisant eux-mêmes unes econde réquisition de surenchère, qui produira alors tous ses effets, en cas de nullité de la première.

La réquisition valable de surenchère produisant, comme nous venons de le dire, une obligation de la part du requérant, il en résulte qu'il faut être capable de s'obliger pour pouvoir surenchérir, qu'une femme ne peut le faire sans autorisation de son mari, qù'un mineur ou un interdit ne peuvent le faire que par l'intermédiaire de leur tuteur. Néanmoins, on a pensé qu'une réquisition faite par un incapable ne serait pas complètement nulle, produirait même les effets d'une réquisition faite par un créancier capable: et cela, pour cette raison, sérieuse en apparence, qu'un incapable, en prenant l'engagement qui résulte d'une réquisition de surenchère, contractait au moins une obligation naturelle, et qu'il lui suffisait, en conséquence, de présenter une caution solvable, remplissant toutes les garanties exigées par la loi pour faire produire à sa surenchère tous ses effets. Une caution peut, en effet, garantir une obligation naturelle; c'est un engagement dangereux qu'elle contracte à ses risques et périls, mais enfin c'est une obligation valable. Aussi, comme dit Grenier, en parlant des autorisations exigées pour la validité des réquisitions de surenchère faites par des incapables, « les formalités d'au-« torisation peuvent avoir leur utilité afin de « mettre les surveillants désignés par la loi, « comme tuteur curateur, à l'abri de recher-« ches pour excès de pouvoir.... Elles peuvent « aussi avoir pour objet d'assurer des garan-« ties à celui qui s'offrirait pour caution; mais « tout cela est étranger aux créanciers. Dès « l'instant que la caution se présente, les créan-« ciers sont sans intérêt à réclamer les forma-« lités d'autorisation; l'offre de la caution leur « suffit. » (Grenier, t. 2, p. 361.)

Il est certain, et on ne peut le révoquer en doute, que les autres créanciers ne peuvent se plaindre de l'incapacité du requérant, la caution les garantit complètement, ils n'ont aucun intérêt à faire annuler la surenchère; aussi, à ne considérer la question que sous ce point de vue, nous serions de l'avis de M. Grenier, et nous pencherions à décider la réquisition de surenchère inattaquable. Mais dans une surenchère, quel est avec le requérant le principal intéressé? C'est celui contre lequel est dirigée cette réquisition, c'est le tiers détenteur, qui va peut-être se trouver dépossédé par suite de la surenchère, et l'argument tiré de l'engagement de la caution ne peut pas avoir de force contre lui, car l'obligation n'est pas formée entre lui et le surenchérisseur incapable par cela seul que ce surenchérisseur s'est présenté. Nul n'est obligé de répondre à une demande formée par un incapable, et, tout en admirant l'ingénieuse distinction de M. Grenier, nous tenons à constater que les raisons invoquées par lui ne peuvent pas empêcher le tiers détenteur d'invoquer la nullité tirée de l'incapacité du requérant, qu'il y a un intérêt immédiat et qu'il faudrait une exception formelle aux principes pour lui retirer l'exercice de cette faculté.

Mais, au contraire, rien ne nous semble devoir enlever à la femme mariée sous le régime dotal le droit de surenchérir avec autorisation de son mari. Ainsi, supposons deux époux qui se marient sous le régime dotal: la femme constitue en dot tous ses biens présents et à venir; peu après, le mari vend un de ses biens, l'acquéreur purge, et la femme fait une surenchère; quelques auteurs veulent annuler cette réquisition, qu'ils regardent comme un moyen détourné pour le mari d'arriver à l'aliénation de la dot. C'est ce qui ressort d'un arrêt de la cour de Lyon du 27 août 1813. Mais nous nous demandons, avec M. Troplong, où est le danger pour la femme, « lorsque les principes conservateurs « de la dot veilleront toujours pour qu'aucune « de ses garanties ne soit ébranlée? » Nous ne voyons donc aucun danger pour la femme à requérir la surenchère. S'il y a un danger, ce ne peut être que pour la caution, mais elle sait en s'engageant à quoi elle s'expose.

Ce n'est pas seulement à l'égard du requérant qui s'oblige, c'est aussi à l'égard des autres créanciers, que la réquisition de surenchère produit des effets, puisqu'elle leur donne la certitude que l'immeuble sera remis en vente; et même, si cette revente n'est pas poursuivie assez activement par le créancier surenchérisseur, s'il laisse passer un mois sans agir, les autres créanciers peuvent, sur une simple requête, se faire subroger à la poursuite, sans pour cela que le premier surenchérisseur cesse d'être obligé, non plus que sa caution, article 833 du Code de procédure. « Deux droits s'ou-« vrent au même instant en faveur des créan-« ciers inscrits pris collectivement : l'un con-« siste à obliger le créancier surenchérisseur « à remplir ses offres; l'autre est celui de faire « livrer l'immeuble aux enchères de l'adjudi-« cation publique pour en élever le prix au plus « haut degré qu'il peut atteindre.

« Nous trouvons ce double droit dans l'ar-« ticle 2190 du Code Napoléon, qui est ainsi « conçu : Le désistement du créancier requé-« rant la mise aux enchères ne peut, même « quand le créancier paierait le montant de la « soumission, empêcher l'adjudication publi-« que, si ce n'est du consentement exprès de « tous les autres créanciers hypothécaires. » (Merlin, *Transcription*, § v.)

La réquisition de surenchère produit aussi des effets à l'égard du tiers détenteur. Nous avons dit que ce tiers détenteur s'était obligé personnellement envers les créanciers inscrits, en leur faisant des notifications; mais cette obligation n'était et ne pouvait être qu'une obligation conditionnelle, il se présentait comme débiteur, mais ne devait rester obligé d'une manière définitive que si son offre était acceptée. Aujourd'hui qu'une surenchère est requise, son offre est repoussée, et, par conséquent, la condition venant à défaillir, il cesse d'être débiteur, son obligation est anéantie. C'est là un résultat important et incontestable; mais reste à savoir, et c'est beaucoup plus délicat, si la conséquence des réquisitions de surenchère est d'enlever au tiers acquéreur la propriété de son immeuble. M. Tarrible le soutient d'une manière formelle, et il dit : « Dès l'instant où il y « a eu une réquisition de surenchère valable, « le droit de l'acquéreur à la propriété est « anéanti, il ne lui reste que celui de concourir « aux enchères, et de répéter ses frais et loyaux « coûts. » (Tarrible, *Rep. de jurisp., transcription*, § 5.) Pour nous, il nous est impossible de partager cette opinion; et d'abord : « La sou- « mission du créancier requérant est une offre « d'acheter, comme le sont toutes les enchères. « Le surenchérisseur ne se trouve réellement « acquéreur et propriétaire que lorsque, au « temps venu pour l'adjudication, son enchère « n'est pas couverte. » (Troplong, *Priv. et hyp.*, t. 4, n° 949.) De même Pothier, dans son traité de la vente, dit : « Que si depuis une « enchère reçue l'héritage a été détérioré par « quelque cas fortuit, par un incendie ou « par une tempête qui aura renversé une

« grande quantité d'arbres, l'enchérisseur est « bien fondé à prétendre être déchargé de son « enchère, si mieux on n'aime lui faire une di- « minution de ce qu'il sera estimé par experts « que l'héritage vaut de moins. » Nous pensons également que le tiers acquéreur conserve jusqu'à l'adjudication la propriété de l'immeuble, et cela, par cette raison qui, ajoutée à toutes celles que nous venons d'énoncer d'après d'illustres auteurs, nous semble convaincante, que la propriété de l'immeuble qui va ainsi être remis en vente ne peut reposer ni sur la tête du précédent propriétaire, ni sur celle du surenchérisseur, et que, par conséquent, à moins d'admettre, ce qui ne supporte pas la discussion, que l'immeuble n'appartient à personne, il faut nécessairement conclure que le tiers détenteur en est resté propriétaire.

Pour ce qui est du vendeur primitif, son contrat même lui a enlevé la propriété ; la surenchère qui intervient ensuite ne peut l'intéresser que par les conséquences fâcheuses qui, peut-être, rejailliront sur lui.

Pour ce qui est du créancier requérant la surenchère, il n'a pas, ce nous semble, des droits mieux fondés à cette propriété; il est vrai que si sa mise n'est pas dépassée, il deviendra propriétaire de l'immeuble ; mais jusqu'à ce que le jugement d'adjudication lui ait attribué cette propriété, elle n'est pas la sienne; et, du reste, de quoi s'agit-il ici? d'une vente. Eh bien! remontons un instant aux principes mêmes de la vente : pour que ce contrat opère une translation de propriété, il faut qu'il soit parfait, qu'il y ait eu accord de volontés, accord sur la chose vendue et sur le prix de la vente; or, ici on s'est bien entendu sur la chose, mais non pas sur le prix : le requérant offre une somme pour devenir propriétaire de l'immeuble mis en vente, il se présente comme acquéreur, cette demarche seule lui impose des obligations pour l'avenir; mais il n'est pas encore agréé, le prix n'est pas encore fixé, il l'est même si peu, que tout le monde peut se rendre encore acquéreur de l'immeuble, et les autres créanciers et le précédent vendeur, et le tiers détenteur lui-même, qui, moyennant une offre plus considérable, gardera définitivement son immeuble, toutes ces considérations nous engagent donc à conclure que celui-ci n'en a jamais perdu la propriété.

Avant de passer aux formes de la mise en vente, il nous faut jeter un coup d'œil rapide sur l'art. 2186, dont nous avons déjà énoncé la disposition principale, mais à propos duquel peuvent se discuter quelques questions assez importantes.

Lorsqu'un immeuble est vendu par un débiteur, ses créanciers n'ont pas seulement pour contrôler la vente, la faculté de surenchérir, ils ont en outre, dans le cas où il y a eu fraude de la part du vendeur, et particulièrement en cas de dissimulation du véritable prix, le droit d'attaquer la vente elle-même comme faite par le vendeur avec intention de leur nuire. Ce droit est plus étendu et plus respectable que le droit de surenchérir; ce sont tous les créanciers du vendeur qui peuvent se plaindre de la fraude, tandis que les créanciers hypothécaires seuls jouissent du droit de surenchère. Ce droit n'est pas éteint par la purge; et de même que, dans notre ancien droit, les lettres de ratification n'enlevaient pas aux intéressés la faculté d'intenter les actions en rescision de la vente, de même chez nous la purge n'efface pas les vices de la propriété, elle n'est destinée qu'à affranchir l'immeuble des conséquences du droit de suite accordé par la loi aux créanciers hypothécaires. Un exemple servira d'explication à notre pensée : Un immeuble est vendu, l'acquéreur veut purger et offre son prix aux créanciers hypothécaires inscrits; ceux-ci ne surenchérissent pas et acceptent le prix qui leur est proposé ; mais les créanciers chirographaires se présentent, prétendent que le prix de la vente a été dissimulé, que le vendeur a agi en fraude de leurs droits, et, en vertu de l'art. 1167, ils demandent la résolution de la vente : ils en ont le droit. Peu importe que les créanciers hypothécaires aient en quelque sorte sanctionné la vente en ne surenchérissant pas, il n'en est pas moins vrai qu'il suffit d'être créancier pour pouvoir attaquer un acte frauduleux de son débiteur ; les créanciers agissant sont donc dans leur droit. Mais allons plus loin, tout en suivant le même exemple. Supposons que, pour faire taire les réclamations des créanciers, l'acquéreur qui tient à conserver son immeuble leur propose, pour prix de leur silence, un supplément de prix, et qu'il soit accepté : qui aura droit à cette somme ? comment la partager ? Si, au premier abord, il semble que les créanciers qui ont demandé la résolution de la vente puissent avoir seuls droit à en recevoir une part, puisqu'eux seuls ont intenté l'action, il n'en est pas moins vrai que ce qu'on leur offre n'est que le complément du prix de la vente. Les créanciers hypothécaires, il est vrai, s'étaient contentés de ce qui leur était offert, ils se sont montrés peut-être trop craintifs ou peu clairvoyants, mais enfin ils avaient droit à se faire payer sur la valeur de l'immeuble par préférence à tous autres; et de même que, dans le cas où une saisie immobilière est pratiquée à la requête d'un créancier chirographaire, ce sont d'abord les créanciers hypothécaires qui sont payés sur le prix de l'immeuble, de même ici les hypothécaires seront payés avant tous autres, et sur le prix offert et sur le supplément ou plutôt sur le complément du prix, puis qu'ils ont un droit de préférence sur la totalité de ce prix. De même si, dans une procédure d'ordre, lors du règlement définitif, l'hypothèque d'un créancier non utilement colloqué est rayée par le juge commissaire, puis que l'un des créanciers utilement colloqués se trouve payé d'autre part, indépendamment du prix de l'immeuble, la somme qui fût revenue sur ce prix au créancier désintéressé est distribuée aux autres créanciers hypothécaires subséquents, suivant la date de leurs hypothèques, bien que leurs inscriptions aient été rayées par le juge.

Nous avons vu que les hypothèques n'étaient éteintes qu'autant que le prix était payé ou tout au moins consigné; cette consignation devra surtout se pratiquer dans le cas où le nombre des créanciers inscrits sur l'immeuble dépassant le nombre trois, il y aura lieu, suivant l'art. 749 du Code civil, à ouvrir un ordre, parce que alors les contestations qui s'élèvent d'ordinaire entre les créanciers pourront retarder d'une manière gênante pour l'acquéreur sa libération. Mais quelques difficultés surgissent à propos des formes mêmes de cette consignation. « Quant aux formes, dit M. Tarrible, « il est manifeste que celles qui sont indiquées « par les articles 1257 et suivants du Code Na- « poléon, et par les articles 812 et suivants du « Code de procédure civile, ne regardent que « les consignations à faire par un débiteur à « l'égard d'un créancier certain et connu ; et « que ces formes sont inapplicables aux con- « signations à faire par l'acquéreur, envers les « créanciers hypothécaires et le vendeur. Lors- « qu'un créancier, certain et connu, refuse de « recevoir ce qui lui est dû, le débiteur qui « veut acquérir sa libération doit lui faire des « offres réelles de la somme due, et ensuite la « consigner, en observant dans ces deux actes « toutes les formalités prescrites par les ar- « ticles 1258 et 1259 du Code Napoléon. Mais « à qui l'acquéreur ferait-il ses offres réelles ? « Serait-ce au vendeur? serait-ce aux créan- « ciers hypothécaires?

« Il ne peut faire séparément son offre ni au « vendeur qui ne peut recevoir une somme qui « est le gage des créanciers hypothécaires, ni

« aux créanciers, puisqu'aucun d'eux ne peut « s'arroger la préférence avant qu'elle ait été « réglée et prononcée par un jugement. Des « offres faites à des personnes auxquelles on ne « peut payer, seraient une espèce de dérision. » (Rep. de juris., *Transcription*, § 7.)

La conclusion nécessaire, c'est que l'acquéreur qui veut consigner son prix n'a pas besoin de commencer par faire des offres réelles; il n'aura pas non plus besoin d'obtenir du juge l'autorisation préalable de consigner, l'art. 1259 l'en dispense; mais comme il est d'un grand intérêt pour le vendeur ou les créanciers de connaître le moment de la consignation, qui est aussi celui où les intérêts cessent de courir, l'acquéreur devra faire connaître, par des notifications, le jour et l'heure du dépôt : néanmoins la loi ne dit nulle part que cette formalité, autrefois indispensable, soit aujourd'hui exigée à peine de nullité, et la jurisprudence n'est plus d'accord pour décider.

« La consignation, accompagnée de toutes « ces formes, est sans doute valide, mais sa « validité ne devient complète et irréfragable « que lorsqu'elle a été reconnue par un juge- « ment rendu avec toutes les parties intéres- « sées présentes, ou dûment appelées. Tant que « ce jugement n'a pas été rendu, et que la con-

« signation n'a pas été acceptée par les créan- « ciers, celui qui a fait la consignation peut la « retirer. » (Merlin, *Transcription*, § 7.) Ces dispositions de la loi, édictées en matière de consignation ordinaire, doivent également s'appliquer à la consignation dont nous parlons ici, qui ne doit être affranchie que des formalités qui, comme les offres, sont impraticables dans l'espèce. La consignation n'étant, après tout, qu'un paiement, libère l'acquéreur comme le paiement lui-même; restera encore, pour arriver à la libération complète de l'immeuble, la radiation des inscriptions hypothécaires qui, en cas d'ordre, sera ordonnée par le juge-commissaire.

Après cette courte digression, nous n'avons plus à parler que de la remise en vente de l'immeuble. Nous avons vu comment le tiers acquéreur devait se comporter si aucune réquisition de surenchère n'était faite, quelles étaient les formes et les conséquences immédiates de ces réquisitions. Passons maintenant au but même de la surenchère, à la remise en vente.

CHAPITRE IV.

REMISE EN VENTE.

§ I. — *Formes et poursuites de la remise en vente.*

L'article 2187 nous dit que cette revente par suite de surenchère aura lieu suivant les formes établies pour l'expropriation forcée ; l'assimilation cependant ne peut pas être complète, il y a des différences qui tiennent à la nature même de ces deux espèces de vente, et qu'on doit nécessairement observer : d'abord, il est évident que les premières formalités de l'expropriation ne peuvent convenir à la revente par surenchère; que le commandement qui, aux termes de l'art. 674 du Code de procédure, doit précéder la saisie, que la dénonciation de la saisie qui, aux termes de l'art. 677, doit être adressée au saisi dans la quinzaine, n'ont pas de raison d'être dans notre espèce, où il s'agit d'un immeuble dont tout le monde désire la vente immédiate, et qu'on n'a aucune raison pour saisir.

En outre, comme dit M. Tarrible, dans l'expropriation forcée, il n'y a pour partie qu'un créancier poursuivant, des créanciers opposants, et le débiteur saisi; au lieu que dans la revente sur enchère, il y a de plus le nouvel acquéreur qui devient partie intéressée, et qui, sous cette qualité, peut poursuivre la revente ou exiger communication des poursuites faites par le créancier enchérisseur. Ce n'est pas la seule différence, dans l'expropriation forcée, le créancier poursuivant doit déposer au greffe un cahier des charges de la vente, tandis qu'en matière de surenchère on n'a qu'à déposer le contrat de la première aliénation, en mentionnant le prix proposé par l'acquéreur dans ses notifications, la surenchère du créancier, et en y ajoutant que, conformément à l'article 2188 du Code Napoléon, l'adjudicataire sera tenu, au-delà du prix de son adjudication, de restituer à l'acquéreur ou au donataire dépossédé les frais et loyaux coûts de son contrat, ceux de la transcription, ceux des notifications, en un mot tous ceux qu'il a faits pour arriver à l'entière libération de l'immeuble, de manière à le rendre tout à fait indemne.

La première formalité commune à l'expropriation forcée et à la revente par suite d'enchères, sera l'insertion dans un journal de la désignation de l'immeuble, du jour de l'adjudication, et de la mise à prix; puis viendront les placards dont parle l'art. 699 du Code de procédure, qui contiendront également toutes les désignations indiquées dans l'art. 693, à l'exception toutefois de celles qui se réfèrent uniquement à une saisie préexistante, et dont la nomenclature est faite par l'article 836 du Code de procédure. L'art. 837 du même Code exige que 15 jours au moins et 30 au plus avant l'adjudication, sommation soit faite à l'ancien et au nouveau propriétaire d'assister à cette adjudication aux lieu, jour et heure indiqués. Pareille sommation sera faite au créancier surenchérisseur, si c'est le nouveau propriétaire ou un autre créancier subrogé qui poursuit. Cet art. 857 nous fait connaître quelles sont les personnes qui peuvent poursuivre la revente ; ce sont : le surenchérisseur, les autres créanciers qui peuvent, en demandant la subrogation, se mettre en son lieu et place et poursuivre ainsi la vente, ou bien le nouvel acquéreur qui a un intérêt puissant à savoir au plus tôt quel sera son sort, s'il doit rester propriétaire de l'immeuble, ou si cette propriété doit lui être enlevée.

De ce que l'article 2187 du Code Napoléon renvoyait pour les formes de la vente à l'expropriation forcée, quelques auteurs ont soutenu que l'adjudication sur surenchère du dixième pouvait être suivie d'une autre surenchère d'un quart, comme toute adjudication sur expropriation forcée, conformément à l'article 710 du Code de procédure. Cette opinion, combattue déjà par la jurisprudence et par un bon nombre d'auteurs, a été complètement renversée par la loi du 2 juin 1841, qui, dans l'art. 838 actuel du Code de procédure (*in fine*), dit positivement que « l'adjudication par « suite de surenchère sur aliénation volontaire « ne pourra être frappée d'aucune autre suren- « chère. » Un texte aussi formel a mis fin à toute controverse.

Avant de passer à l'adjudication, nous devons examiner si, lorsqu'on poursuit la vente d'un immeuble sur une déclaration de surenchère, et que l'acquéreur prétend avoir des répétitions à exercer en raison de la plus-value donnée par lui à l'immeuble, il faut avant l'adjudication déterminer le montant de cette plus-value. Un arrêt de la cour de Paris, du 17 mars 1808, considérant que, pour favoriser les enchères, il importait de lever toute incertitude relativement à la plus-value que l'immeuble a pu recevoir des réparations, reconstructions et augmentations faites par l'acquéreur et dont l'adjudicataire est tenu de lui faire raison, en conclut qu'il est de l'intérêt de toutes les parties de fixer avant l'adjudication définitive le montant de cette plus-value.

Il est certain que ni dans le Code Napoléon, ni dans le Code de procédure, on ne trouve aucun texte qui impose formellement à l'adjudicataire l'obligation de rembourser au tiers détenteur les dépenses qu'il a pu faire pour l'amélioration de l'immeuble mis en vente. Mais, d'un autre côté, quand on voit l'art. 2175 du Code Napoléon permettre à l'acquéreur qui délaisse son immeuble de réclamer le montant des dépenses qu'il a pu faire pour l'amélioration de l'immeuble jusqu'à concurrence de la plus-value résultant de l'amélioration, il est impossible de refuser le même droit à l'acquéreur qui purge.

Ceci posé, nous devons en conclure que l'importance de cette plus-value doit être déterminée avant l'adjudication. On pourrait dire, pour soutenir l'opinion contraire, que l'art. 2188 n'exige pas que les frais aux remboursements desquels l'adjudicataire est obligé soient évalués avant l'adjudication dans un cahier de charges, et qu'il doit en être de même de l'indemnité résultant de la plus-value.

Mais pour faire triompher notre opinion, « Il « suffit, dit M. Chauveau, de faire remarquer « qu'on peut toujours connaître, au moins très- « approximativement, à quelle somme s'élèvent

« les frais de la première adjudication, et ceux « exposés depuis ; et qu'ainsi le défaut de fixa- « tion à cet égard ne présente aucun incon- « vénient grave ; mais qu'il n'en est pas de « même relativement à la plus-value de l'im- « meuble, qui peut s'élever à une somme plus « ou moins considérable ; que ce vague que pré- « sente toujours une obligation indéterminée « serait de nature à éloigner les enchérisseurs, « ou du moins à les engager à faire des offres « moins avantageuses, et qu'ainsi l'intérêt de « toutes les parties exige que le montant de la « plus-value soit connu et déterminé avant l'ad- « judication. » (Carré Chauveau, tom. v, nº 2498 *novics.*)

Nous trouvons cité dans le même auteur un arrêt du 15 juillet 1807, rendu par la cour de Rouen, qui décide qu'on ne peut pas diviser par lots l'adjudication des immeubles soumis à la surenchère ; et cet arrêt donne pour motifs à sa décision que le droit de surenchérir n'est pas celui de dénaturer le contrat ; que c'est dénaturer le contrat que de former plusieurs lots de l'immeuble vendu pour en faire autant d'adjudications distinctes ; que ce serait écarter les acquéreurs du but qu'ils ont à se proposer sur le prix des ventes, les forcer à abandonner leurs acquisitions, ou les exposer à n'en retirer que des lambeaux ; leur ôter le seul moyen de consolidation que la loi leur offre, et par là, séquestrer complètement du commerce tous les biens territoriaux dont les inscriptions dépasseraient la valeur. Une pareille décision est en général blâmée par les auteurs, car tandis qu'il est permis aux créanciers de faire vendre par lots un immeuble saisi immobilièrement, il serait contradictoire de leur refuser cette faculté dans le cas d'une surenchère sur aliénation volontaire.

« Le droit de surenchérir n'est accordé que « dans l'intérêt du créancier; le précédent pro- « priétaire n'a aucune raison pour se plaindre « que la vente soit faite par lots, lorsque les « créanciers y trouvent avantage... L'intérêt de « l'acquéreur n'est à considérer pour rien, si « la vente est faite par lots... Il aurait à se « plaindre sans doute, si on divisait l'immeuble « afin de ne surenchérir qu'une de ses parties, « de manière que les autres lui restassent dé- « tachées de celle-ci. Aussi n'entendons-nous « pas soutenir que de tels résultats soient auto- « risés par la loi ; autrement, on mettrait l'ac- « quéreur dans une position plus onéreuse « que celle dans laquelle il aurait entendu se « placer par suite de son contrat, et l'on expo- « serait le précédent propriétaire, sans que la

« loi l'eût dit formellement, à des demandes en « indemnité qui n'auraient pas leur principe « dans le fait de ce propriétaire, mais qui dé- « riveraient uniquement de celui d'un créan- « cier seulement. » On ne peut pas dire que l'art. 2192 permet de diviser les immeubles vendus dans tous les cas, car cet article, en autorisant la division du contrat et en permettant de faire porter la surenchère sur l'un des immeubles vendus, ne parle en rien du cas où il s'agit d'un immeuble à diviser en plusieurs lots, et n'a par conséquent pas trait à l'espèce qui nous occupe en ce moment. (Voir Carré Chauveau, t. v, n° 2499. — Troplong, *hyp.*, t. IV, n° 961 *ter.*)

§ II — *Adjudication.*

L'immeuble mis en vente doit être adjugé au plus offrant et dernier enchérisseur; la vente est publique, elle est précédée d'affiches nombreuses; c'est assez dire que la voie de la surenchère est ouverte à tout le monde, et que chacun peut se porter adjudicataire. Les conséquences de l'adjudication sont fort graves, comme il est aisé de s'en convaincre, en se rappelant que c'est un moyen de translation de propriété, qu'elle doit anéantir ou affermir d'une manière absolue la propriété de l'acquéreur, et, de plus, qu'elle enlèvera aux créanciers hypothécaires tous les droits qu'ils peuvent avoir sur l'immeuble, une fois qu'elle aura été suivie du paiement du prix.

Si tout le monde peut se porter adjudicataire, les conséquences ne sont pas les mêmes, que ce soit le surenchérisseur ou l'acquéreur qui devienne propriétaire de l'immeuble; aussi devons-nous distinguer les divers cas qui peuvent se présenter. Supposons d'abord que le créancier surenchérisseur est adjudicataire, il le sera nécessairement si aucune enchère ne vient couvrir son offre, et cela quand même la remise en vente ne serait pas poursuivie par ses soins; car nous avons vu que sa réquisition de surenchère seule l'obligeait personnellement; il sera donc adjudicataire de plein droit et soumis à toutes les conséquences que ce nouveau titre entraîne pour lui ou contre lui. Sa propriété ne date que du jour de l'adjudication, puisque, suivant l'opinion que nous avons adoptée, l'acquéreur reste propriétaire de l'immeuble jusqu'à ce moment. Cet adjudicataire, en acquérant l'immeuble, contracte en outre des obligations particulières. Ce n'est pas seulement un acheteur obligé de payer son prix, c'est un acheteur d'un bien hypothéqué, d'un bien qui déjà a été vendu et qui est actuellement enlevé au premier acquéreur; aussi l'art. 2188 nous dit : « L'adjudicataire est tenu, « au-delà du prix de son adjudication, de res- « tituer à l'acquéreur ou au donataire dépos- « sédé les frais et loyaux coûts de son contrat, « ceux de la transcription sur les registres des « conservateurs, ceux de notification et ceux « faits par lui pour parvenir à la revente. » Ce tiers détenteur, en effet, en perdant son immeuble, est dégagé de tous les liens qui pouvaient le rattacher aux créanciers hypothécaires : il n'était obligé vis-à-vis d'eux, depuis la réquisition de surenchère, que comme détenteur, il n'est donc plus obligé aujourd'hui qu'il n'est plus propriétaire ; cependant il a fait des frais de purge pour arriver au paiement des créanciers, ces frais ont profité à la masse, puisqu'ils n'avaient d'autre but que d'arriver au paiement de tous ceux qui avaient des droits au prix de l'immeuble; aussi ce tiers détenteur doit-il être pleinement indemnisé, « et c'est « pour cette raison que la loi prévient elle- « même l'adjudicataire qu'il sera tenu de la « restitution de ces frais au-delà du prix de « l'adjudication. Le gage de l'acquéreur pour « le recouvrement de ces frais sera dans la « rétention de l'immeuble jusqu'au rembour- « sement effectif. En effet, quoique l'acquéreur « soit déclaré dépossédé par cet article, il n'est

« pas moins vrai qu'il doit rester nanti de l'im-
« meuble jusqu'à l'adjudication et le rembour-
« sement de ses frais... Ce remboursement à
« faire par l'adjudicataire est d'ailleurs indé-
« pendant des indemnités que l'acquéreur vo-
« lontaire est en droit de prétendre contre son
« vendeur. » (Merlin, *Transcrip.*, § 6.)

En même temps qu'il perd la propriété de l'immeuble, le tiers acquéreur recouvre tous les droits antérieurs à la vente qu'il pouvait avoir sur lui, et qui ne s'étaient que conditionnellement éteints par suite de la confusion qui s'était momentanément opérée dans sa personne; en un mot, l'article 2177 est applicable ici comme en cas de délaissement; en outre, il a droit, conformément à l'article 2175 du Code Napol., à répéter les impenses faites par lui pour l'amélioration de l'immeuble, jusqu'à concurrence de la plus-value : il ne peut sur ce point y avoir aucune difficulté.

Toutes ces conséquences que nous venons de présenter comme propres au cas où c'est le surenchérisseur qui se rend adjudicataire, s'appliquent également, et par les mêmes raisons, au cas où l'adjudicataire est un étranger ou un autre créancier; la seule différence qui puisse exister entre ces diverses espèces, c'est que le créancier surenchérisseur est adjudicataire de plein droit par cela seul qu'il a fait une réquisition, si aucune surenchère ne vient dépasser la sienne, tandis que les autres, au contraire, ne sont adjudicataires qu'autant qu'ils proposent un prix plus élevé que tous leurs concurrents.

Ici vient se placer l'art. 2189 du code Nap., qui dit que l'acquéreur ou le donataire qui conserve l'immeuble mis aux enchères, en se rendant dernier enchérisseur, n'est pas tenu de faire transcrire le jugement d'adjudication. On en a conclu, par argument *à contrario*, que si la loi prenait la peine de dire que l'acquéreur, dans le cas où il se rendrait adjudicataire, ne serait pas tenu de transcrire le jugement d'adjudication, c'est que tout autre adjudicataire serait tenu de faire cette transcription. M. Delvincourt et un arrêt de la cour de Paris, du 3 avril 1812, ont même appuyé cette doctrine, qui a été embrassée par la pratique. Cet article pouvait, avant la promulgation de l'article 834 du C. de proc., servir d'argument à ceux qui prétendaient que la transcription était nécessaire à tout acquéreur pour qu'il devînt propriétaire incommutable : mais aujourd'hui que la transcription d'un contrat d'aliénation ne peut servir que de préliminaire à la purge, et que dans l'espèce il s'agit d'un immeuble au sujet duquel viennent de s'opérer toutes les formalités de la purge, il ne serait évidemment d'aucune utilité pour l'adjudicataire de cet immeuble, quel qu'il fût, de requérir la transcription ; l'existence même de cet article, sous le système actuel de nos Codes, ne peut s'expliquer que par un souvenir des principes de la loi de brumaire (1), dont le

(1) L'article 22 de la loi du 11 brumaire an VII sur les expropriations forcées, est ainsi conçu : « L'adjudication doit être transcrite à la diligence de l'adjudicataire sur les registres du bureau de la conservation des hypothèques de la situation des biens, dans le mois de sa prononciation ; il ne peut, avant l'accomplissement de cette formalité, se mettre en possession des biens adjugés, et, après l'expiration du mois, les créanciers non remboursés ont aussi la faculté, même sans attendre l'échéance du terme d'exigibilité de leurs créances, de faire procéder contre l'adjudicataire, et à sa folle enchère, à la revente et adjudication des biens dans les mêmes formes et délais qu'à l'égard du saisi, sauf que le commandement sera remplacé par une dénonciation du certificat délivré par le conservateur des hypothèques, que la transcription du jugement d'adjudication n'a pas été faite. » On comprend aisément que sous cette loi la transcription étant nécessaire pour devenir propriétaire à l'égard des tiers, elle devait être exigée lorsqu'un autre que le tiers détenteur se rendait adjudicataire ; elle était, au contraire, inutile lorsque c'était le tiers détenteur, puisqu'il avait déjà transcrit, et qu'il ne devenait pas propriétaire en vertu d'un titre nouveau.

législateur n'avait pas encore décidé l'abolition, mais qui aujourd'hui n'a plus sa raison d'être; c'est, du reste, ce que fait parfaitement ressortir M. Tarrible (Merlin, *Répertoire*, *Transcrip.*, § 6), et il en conclut : « que cette mesure, « la transcription, est tout-à-fait inutile, relativement à une adjudication faite à la suite « d'une procédure dans laquelle chaque créan- « cier hypothécaire a été nominativement ap- « pelé, et où l'on a épuisé tous les moyens de « donner la plus grande publicité à l'adjudica- « tion et à tous les actes qui l'ont préparée. »

Supposons maintenant que le tiers détenteur se rende adjudicataire; il n'y a aucun changement dans sa propriété, mais seulement une consolidation. Il n'a plus rien à redouter désormais des créanciers inscrits sur son immeuble, il n'a qu'à leur payer son prix ou à le consigner pour obtenir immédiatement la radiation de toutes leurs inscriptions; telle est sa position vis-à-vis des créanciers.

Mais avant d'être adjudicataire, il était acheteur, il avait accepté son immeuble moyennant un certain prix, et voici que, par suite des hypothèques consenties par son vendeur, il est obligé de payer un supplément à ce prix, de payer des frais de purge, de payer une surenchère; il est évidemment dans une position pire

que celle qui lui était faite par son contrat d'acquisition, et il serait contraire aux clauses de ce contrat de lui faire débourser, pour conserver son immeuble, autre chose que le prix dont il était convenu avec son vendeur; aussi l'art. 2191 du Code Napoléon dit : « L'acqué-
« reur qui se sera rendu adjudicataire aura son
« recours tel que de droit contre son vendeur,
« pour le remboursement de ce qui excède le
« prix stipulé par son titre et pour l'intérêt de
« cet excédant, à compter du jour de chaque
« paiement. »

C'est à ce recours de l'acheteur contre son vendeur qu'il faut nous arrêter un moment.

A moins d'une clause spéciale insérée au contrat, tout vendeur doit à son acheteur la garantie des objets vendus, de sorte que, si, par la suite, l'acheteur se trouve évincé, son vendeur se trouvera dans la nécessité de l'indemniser de tout le préjudice que peut lui avoir causé l'éviction. Cette garantie est due à l'acquéreur, cela ne peut souffrir aucune difficulté, dans le cas où l'acquéreur n'a pas voulu purger les hypothèques qui grevaient son immeuble, attendu que les créanciers agissent contre lui, et se trouve, par suite de cette action, dépossédé de son bien. C'est en prévoyant cette espèce, que l'art. 2178 décide que le tiers détenteur qui a payé la dette hypothécaire ou délaissé l'immeuble hypothéqué, ou subi l'expropriation de cet immeuble, a le recours en garantie tel que de droit contre le débiteur principal. Mais il pourrait s'élever quelques doutes dans le cas où l'acquéreur ayant provoqué la mise aux enchères, dans le dessein de purger les hypothèques, se trouverait évincé par une surenchère. Qu'est-ce que la purge? pourrait-on dire; une faculté accordée à l'acquéreur pour limiter le droit de suite accordé par la loi aux créanciers hypothécaires; le droit de surenchérir, qui n'est qu'une conséquence de la purge, l'acquéreur en connaissait l'existence au moment même de son contrat, il savait que s'il purgeait, il s'exposerait à la surenchère des créanciers; et, à ne considérer que l'art. 1626 du code Napoléon, qui déclare qu'il n'y a garantie qu'autant que l'acheteur ne connaissait pas les causes d'éviction, la garantie n'est pas due. On fait, du reste, une assimilation du droit de surenchère des créanciers hypothécaires au retrait lignager, qui, dans l'ancien droit, pouvait être exercé par certains parents d'un vendeur; et de même qu'alors l'acquéreur devait subir les conséquences du retrait lignager sans conserver aucune réserve contre son vendeur, de même la surenchère qui enlève à l'acquéreur le bien qu'il vient d'acheter ne doit pas faire naître à son profit une action en garantie contre le vendeur.

Malgré ces raisons spécieuses, nous n'hésitons pas à adopter l'opinion contraire, et à décider, conformément à la plupart des auteurs et des arrêts (1), que l'acquéreur qui

(1) Nous ne citerons ici qu'un des arrêts qui ont résolu la question ; il a été rendu par la cour de Bordeaux le 27 février 1829, et voici en quels termes il résume la théorie sur ce point : « Attendu, en ce qui touche Faulnier et Thomas Lacroisade, qu'ils ne sont point devenus adjudicataires de la partie des biens qu'ils avaient acquis de Gaudichaud ; que, évincés de leur acquisition, ils ont, aux termes de l'art. 2191, droit à des dommages, etc... confirme... » Et voici comment s'exprimait le jugement du tribunal d'Angoulême du 27 juillet 1827 : « Attendu qu'il résulte des articles 1626, 1630, 1633 et 2191 du Code civil, qui ne sont au surplus que déclaratifs des anciens principes en matière de garantie, que lorsque l'acquéreur est évincé de l'objet par lui acquis, il a nécessairement droit à des dommages intérêts contre son vendeur, à raison du préjudice qu'il a éprouvé par suite de l'éviction ; — Attendu que ces principes sont applicables au cas d'éviction par suite d'une surenchère comme à tous les autres cas où l'éviction résulte d'un fait personnel au vendeur ; qu'en effet la surenchère est la conséquence d'un droit hypothécaire que le débiteur peut anéantir en payant ; que s'il ne le fait pas et s'il laisse l'acquéreur exposé aux suites d'une action hypothécaire, il y a alors de son fait et il en doit réparation, etc... » C'est le résumé substantiel des raisons qui nous déterminent à adopter cette opinion.

purge et qui se trouve évincé par la surenchère des créanciers conserve un recours en garantie contre son vendeur.

Tout d'abord, M. Tarrible nous semble combattre l'opinion contraire d'une manière victorieuse, quand il dit qu'il est bien vrai, aux termes mêmes de l'art. 1626, que les charges, quand elles sont déclarées au contrat, ne donnent pas lieu à la garantie, mais que cela n'est vrai qu'autant qu'elles sont de nature à pouvoir être supportées sans entraîner l'éviction, comme des servitudes passives. « Mais si « les charges étaient de nature à entraîner « l'éviction, la déclaration de ces charges dans « le contrat de vente ne saurait soustraire le « vendeur à l'obligation de la garantie qui est « invariablement due de droit, toutes les fois « que l'acquéreur souffre l'éviction de la totalité « ou de partie de l'objet vendu, quelle qu'en « soit la cause. Or, l'action hypothécaire dont « le résultat a été de faire vendre la totalité ou « une partie des immeubles vendus, et d'en « faire distribuer le prix aux créanciers hypo- « thécaires, occasionne l'exécution de la partie « vendue; d'où il faut conclure que l'action « hypothécaire donne lieu à la garantie sans « distinguer si l'hypothèque a été déclarée ou « ne l'a pas été. »

Il est vrai que la surenchère est une voie de droit que l'acheteur a dû nécessairement prévoir; mais alors même qu'il prévoyait la surenchère en recourant aux formalités de la purge, il devait espérer que son vendeur, en indemnisant les créanciers, ferait cesser le trouble et empêcherait l'éviction : le vendeur n'a pas voulu la prévenir, il doit en garantir les suites, car c'est de son fait qu'elle procède, il était obligé de procurer à son acheteur une jouissance paisible, et cependant il le laisse déposséder; c'est aussi cette dernière considération qui doit faire repousser toute apparence d'assimilation avec le retrait lignager, contre lequel le vendeur ne pouvait en aucune manière protéger son acheteur, tandis qu'ici le vendeur n'a qu'à indemniser ses créanciers pour détruire au même instant la cause et l'intérêt de leur action contre l'acheteur. Ajoutez à cela que l'action en garantie découle de ce que le créancier hypothécaire inscrit avait, au moment de la vente, le droit éventuel de surenchérir; lors donc qu'il l'exerce et qu'il dépouille l'acquéreur, celui-ci est fondé à dire au vendeur : je suis évincé par l'exercice d'un droit dont l'existence a précédé la vente, j'ai donc l'action en garantie. A toutes ces raisons qui nous paraissent sans réplique, on peut encore, avec M. Tarrible, tirer un argument à *fortiori* en faveur de notre système, de l'article 2191, à propos duquel la question est soulevée.

Cet article accorde à l'acquéreur qui s'est rendu adjudicataire son recours contre le vendeur pour le remboursement de ce qui excède le prix stipulé dans son titre ; par cette disposition, la loi a entendu déterminer dans l'espèce qu'elle prévoyait la mesure exacte du préjudice souffert par l'acquéreur, et de l'indemnité que le vendeur doit lui fournir à titre de garantie. Si donc il y a un recours en garantie au profit de l'acheteur dans le cas où il est resté adjudicataire et n'a pas été évincé, à plus forte raison ce recours doit-il exister lorsqu'il y a une éviction totale et que l'adjudicataire est un étranger ou un créancier ; cette observation nous conduit à l'appréciation de l'indemnité que l'acquéreur est en droit de demander à son vendeur. « Lorsque l'acquéreur s'est rendu adju-« dicataire, la mesure exacte de l'indemnité « due par le vendeur est la différence qui existe « entre le prix de la vente volontaire et celui « de l'adjudication ; et, en effet, lorsque l'ac-« quéreur, devenu adjudicataire, a recouvré de « la part du vendeur le montant de cette diffé-« rence, il est dans la même situation où il au-« rait été s'il n'eût essuyé ni trouble ni poursuite, « et si le prix n'eût subi aucune augmentation.

« Lorsque l'adjudication, au contraire, a eu « lieu en faveur d'un autre que l'acquéreur, il « faut établir sur d'autres bases le calcul de « l'indemnité qui lui est due, c'est-à-dire sur la « différence entre la valeur réelle des fonds à « l'époque de l'éviction, et le prix stipulé dans « la vente. Le prix de l'adjudication, ne peut « plus servir de point de comparaison, car s'il « se trouvait inférieur à la valeur réelle, l'acqué- « reur ne pourrait être privé de cet excédant « de valeur, et, s'il était supérieur, la raison ne « souffrirait pas que le vendeur pût être obligé « de payer à l'acquéreur une somme plus forte « que la valeur réelle de l'immeuble dont il a « été dépouillé. » (Merlin, *Transcription*, § 6.) Ce n'est du reste que l'application des principes généraux sur la garantie énoncée dans les articles 1630, 1631 et suivants du Code Napoléon.

Tout ce que nous venons de dire sur la garantie, ne peut s'appliquer qu'au cas de vente ou d'échange, puisque le vendeur ou le coéchangiste seuls sont obligés à garantie; mais si nous supposons une donation, les mêmes principes ne sont plus applicables, attendu que la loi n'impose nulle part au donateur l'obligation de protéger son donataire contre les troubles et évictions auxquels celui-ci peut être exposé de la part des tiers. Cependant, si le donataire purge et se rend en définitive dernier enchérisseur, il pourra réclamer contre le donateur le prix de son acquisition, si ce prix a servi à payer les créanciers personnels du donateur, suivant une distinction fort équitable que nous trouvons dans Pothier. Après avoir dit que le donateur n'est pas obligé à garantie, cet auteur ajoute : « C'est pourquoi, si le donataire est, par suite, obligé de délaisser l'héritage qui lui a été donné, soit sur une action de revendication, soit sur l'action hypothécaire de l'un des créanciers de quelqu'un des auteurs du donateur, soit sur quelque autre espèce d'action que ce soit, il n'a aucun recours contre le donateur, et il ne peut pas même répéter les dépenses que lui a occasionnées la donation..... Que si un donataire à titre singulier a été obligé de délaisser l'héritage sur l'action hypothécaire d'un créancier du donateur, et que ce créancier ait été payé sur le prix de l'héritage délaissé, le donataire aura en ce cas la même action contre le donateur qu'ont contre un débiteur ceux qui ont acquitté sa dette. » (Pothier, *Cout. d'Orléans*, Donations faites entre vifs, section 4.) Il en résulte que ce n'est pas par une action en garantie que le donataire recourt contre son donateur, mais par suite d'une subrogation aux droits des créanciers qu'il a payés.

Notre art. 2191 décide formellement que l'acquéreur qui se rend adjudicataire, devient créancier de son vendeur de tout ce dont le prix a été augmenté par la surenchère, et des intérêts de cet excédant ; mais il n'en faut pas conclure qu'il puisse concourir avec les créanciers hypothécaires, et prétendre au prix de la vente à leur préjudice : cette surenchère, en effet, ne fait que compléter le prix de l'immeuble, et les créanciers hypothéqués sur cet immeuble ayant le droit d'être colloqués en premier ordre sur la totalité du prix, doivent être intégralement payés avant que l'acquéreur puisse rien s'attribuer.

Supposons actuellement que, par suite de la surenchère, l'acquéreur se trouve évincé, et qu'un tiers se rende adjudicataire, ce tiers paie tous les créanciers hypothécaires, puis il lui reste encore quelque argent entre les mains : à qui cet argent doit-il revenir? Certains auteurs ont prétendu que c'était au premier vendeur, mais cette opinion ne nous paraît pas soutenable. D'abord, quand un immeuble est remis aux enchères par suite de purge, celui contre qui la vente est poursuivie, c'est l'acquéreur et non pas le vendeur ; le vendeur a définitivement perdu la propriété de son bien lors de la vente ; le propriétaire actuel c'est l'acquéreur, c'est donc à lui que doit revenir le prix s'il se trouve un excédant après l'acquittement des créances hypothécaires. En outre, comme le fait remarquer M. Chauveau, la surenchère n'a pas été introduite en faveur d'un vendeur à qui la loi n'accorde que la voie de la rescision pour cause de lésion ; et ne serait-il pas à craindre qu'on accordât une prime à la mauvaise foi, en permettant à un vendeur mécontent « du prix d'une « première vente de faire surenchérir un se- « cond acquéreur sous le titre de créancier, si « la différence entre les deux prix de vente « devait appartenir à ce vendeur? » (Chauveau et Carré, tom 5, n° 2500 *novies*.)

Il ne nous reste plus, pour achever la purge des hypothèques inscrites, qu'à jeter un coup d'œil rapide sur les différentes espèces prévues par l'art. 2192, qui, du reste, ne nous offriront pas de sérieuses difficultés. Cet article prévoit et règle trois cas bien distincts : dans le premier cas, il s'agit d'une vente qui a été faite par un seul acte et pour un seul prix, et qui comprend tout à la fois des meubles et des immeubles ; les meubles restent au nouveau propriétaire, et les immeubles seuls ont besoin d'être purgés de l'hypothèque; mais pour y parvenir, l'acquéreur, dans sa notification, doit faire une ventilation, c'est-à-dire évaluer comparativement au prix total la somme pour laquelle il pense avoir acheté les immeubles, et c'est sur cette somme que se calculent les surenchères ou le prix dont l'acquéreur peut être débiteur à l'égard des créanciers, si aucun d'eux ne requiert la mise aux enchères.

Le second cas prévu par notre article est celui où on a acquis par le même acte et pour un seul prix plusieurs immeubles, les uns hypothéqués, les autres non hypothéqués : le nouveau propriétaire doit aussi évaluer comparativement au prix total pour lequel il a acquis la somme à laquelle il croit devoir porter les immeubles hypothéqués, et les créanciers ne sont obligés de faire porter leur surenchère que sur ceux qui sont grevés de leurs hypothèques.

Le troisième cas est celui où on a acquis par une seule vente plusieurs immeubles hypothéqués, mais situés dans divers arrondissements. L'acquéreur doit bien comprendre dans ses notifications le prix total de la vente, ou la valeur de chaque immeuble pris séparément, s'ils sont frappés d'inscriptions particulières; mais les créanciers ne sont pas obligés d'étendre leurs soumissions aux immeubles situés dans d'autres arrondissements que celui dans lequel ils poursuivent l'adjudication, mais ce n'est là qu'une faculté accordée aux créanciers, et ils pourront, s'ils le préfèrent, requérir la mise aux enchères de tous les immeubles, quelle que soit leur situation.

Ce même article accorde à l'acheteur ainsi expulsé un recours contre son vendeur pour se faire indemniser de la perte totale qu'il aura pu subir ; mais nous pensons, avec M. Persil, que l'acheteur aura aussi le droit, suivant la portion de biens dont il aura été exproprié, de demander la nullité de la vente, conformément à l'art. 1636 du Code Napoléon.

Ici se termine pour nous la première partie de ce travail, la purge des hypothèques inscrites. Nous allons passer actuellement au mode de purger les hypothèques quand il n'existe pas d'incription sur les biens des maris et des tuteurs ; ce sont des formalités entièrement différentes, mais les principes sont les mêmes, et il nous suffira d'y renvoyer quand l'occasion s'en présentera, sans être obligé de les retracer de nouveau. Nos observations dans cette seconde partie porteront donc uniquement sur les différences qui séparent la purge ordinaire de la purge légale, et sur les difficultés propres à cette dernière.

IIe PARTIE.

PURGE LÉGALE.

Jusqu'ici nous avons supposé que le tiers détenteur voulait purger des hypothèques inscrites au moment de la transcription de son contrat, ou tout au moins dans la quinzaine qui suit la transcription. Nous avons vu par quels moyens ce tiers-détenteur faisait appel aux créanciers hypothécaires, les mettait en demeure de s'inscrire, et arrivait ainsi à les connaître.

Mais il y a des hypothèques que l'acquéreur ne peut pas connaître de la même manière, ce sont celles des mineurs, des interdits et des femmes mariées, qui existent sur les biens des maris et des tuteurs indépendamment de toute inscription. Ce caractère spécial de ces hypothèques nous fait voir que la purge ne pourra s'opérer alors comme dans les autres cas, puisque la notification exigée par l'art. 2183 du Code Napoléon est impossible. Il faut donc recourir à une marche particulière qui nous est indiquée par l'art. 2193. Sans quoi, le tiers acquéreur resterait indéfiniment exposé à se voir évincé par la femme ou le pupille de son vendeur. Tel est le but de la purge légale.

Cette purge ne diffère pas, quant au fond, de la purge ordinaire, l'acquéreur doit ici encore faire connaître son contrat, provoquer l'inscription des hypothèques légales, qui, jusqu'à l'emploi de ces formalités, étaient dispensées d'inscription, mettre ces créanciers en demeure de surenchérir ou d'accepter le prix offert; puis, suivant que l'un ou l'autre de ces deux partis a été adopté, vient le paiement immédiat de ce prix ou la remise en vente de l'immeuble.

C'est dans une vue de protection toute spéciale que la loi, en assurant aux femmes et aux pupilles une hypothèque, les a dispensées de la formalité, indispensable pour tous autres, d'inscrire cette hypothèque; c'est par un motif analogue que, dans la purge où l'inscription de toutes les hypothèques, même des hypothèques légales, devient indispensable, la loi n'a pas voulu que les mêmes formalités servissent à provoquer l'inscription des hypothèques de la femme et du mineur et celle des hypothèques ordinaires; aussi est-ce uniquement en ce qui touche la publicité du contrat de vente ou de donation, que le mode de purger dont nous nous occupons en ce moment diffère de celui que nous avons étudié : tandis que tout-à-l'heure la simple transcription du contrat faisait courir contre les créanciers les délais extrêmes que la loi leur accorde pour prendre inscription, il faut actuellement un dépôt au greffe des affiches, des notifications, pour que les femmes ou les pupilles soient réputés connaître l'aliénation du bien qui fait la sûreté de leur créance.

Passons à l'examen de ces formalités.

CHAPITRE Ier.

APPEL FAIT A L'INSCRIPTION DES HYPOTHÈQUES QUI EN SONT DISPENSÉES.

Suivant une expression de M. Troplong, « le législateur suppose ici que l'hypothèque « légale ne s'est pas mise en jeu, et qu'elle som- « meille, pour ainsi dire ; le tiers détenteur « vient la provoquer à se manifester par une « inscription. » L'art. 2194 nous donne le détail des formalités à employer pour parvenir à cette provocation : il impose aux tiers détenteurs de déposer copie dûment collationnée du contrat translatif de propriété au « greffe du « tribunal civil du lieu de la situation des biens,

« et ils certifieront par acte signifié tant à la « femme et au subrogé-tuteur qu'au procureur « impérial près le tribunal, le dépôt qu'ils « auront fait. Extrait de ce contrat contenant « sa date, les noms, prénoms, professions et « domiciles des contractants, la désignation « de la nature et de la situation des biens, le « prix et les autres charges de la vente, sera et « restera affiché pendant deux mois dans « l'auditoire du tribunal, pendant lequel « temps les femmes, les maris, tuteurs, su- « brogés-tuteurs, mineurs, interdits, parents « ou amis, et le procureur impérial, seront reçus « à requérir, s'il y a lieu, et à faire faire au « bureau du conservateur des hypothèques des « inscriptions sur l'immeuble aliéné qui auront « le même effet que si elles avaient été prises « le jour du contrat de mariage, ou le jour de « l'entrée en gestion du tuteur : sans préjudice « des poursuites qui pourraient avoir lieu « contre les maris et les tuteurs, ainsi qu'il a été « dit ci-dessus, pour hypothèques par eux con- « senties au profit de tierces personnes sans « leur avoir déclaré que les immeubles étaient « déjà grevés d'hypothèques en raison du ma- « riage ou de la tutelle. »

Cet article, comme on le voit, ne comprend nulle part, au nombre des formalités de publicité qu'il énumère, la transcription du contrat d'acquisition, et, à moins d'ajouter au texte de la loi, nous devons décider que cette transcription, formalité première et indispensable de la purge ordinaire, est inutile pour arriver à la purge légale.

1° La première obligation imposée au tiers détenteur est donc le dépôt au greffe du tribunal de la situation de l'immeuble, d'une copie du titre d'acquisition ; ce dépôt est destiné à remplacer la transcription de l'art. 2181, et, accompagné, comme il est, de diverses formalités, c'est un moyen plus efficace que la simple transcription pour faire connaître l'aliénation aux parties intéressées.

2° Ce dépôt ainsi fait est certifié par acte notifié à la femme, au subrogé-tuteur et au procureur impérial ; cette notification a lieu par le ministère d'un huissier, mais la loi n'exige nulle part que cet huissier soit spécialement commis à cet effet. Cette notification est faite à la femme ou au subrogé-tuteur ; elle n'est pas faite au mari ni au tuteur, qui se trouvent en cette circonstance avoir des intérêts opposés au mineur ou à la femme, et dont, par conséquent, on doit redouter la partialité. En tous cas, le procureur impérial, qui est le protecteur légal de tous ceux qui sont affectés d'une incapacité quelconque, reçoit aussi une notification du dépôt; il est mis à même de protéger la femme, le mineur ou l'interdit.

Il peut très-bien arriver que le vendeur ou le donateur d'un bien ait une femme ou une pupille, sans que l'acquéreur en puisse avoir la moindre connaissance, et le voilà, par conséquent, dans l'impossibilité de faire les notifications exigées par l'art. 2194. En faut-il conclure qu'il sera, par suite de cette ignorance souvent invincible, dans l'impossibilité de purger ces hypothèques légales? Nullement: le Code, qui ne prévoit pas cette espèce, contient évidemment une lacune qu'il nous sera facile de combler au moyen d'un avis du Conseil d'Etat du 9 mai 1807, approuvé le 1er juin suivant, et qui décide que, dans le cas où la femme et le subrogé-tuteur sont inconnus, la notification qui devait leur être faite sera remplacée par l'insertion dans les journaux de la notification adressée au procureur impérial, et contenant la déclaration que le tiers détenteur ne connaît ni la femme ni le subrogé-tuteur. Dans la pratique, l'acquéreur fait toujours cette insertion dans les journaux, lors même qu'il connaît la femme ou le subrogé-tuteur; seulement, dans ce cas, il n'est pas affranchi de l'obligation de leur adresser des notifications, c'est un surcroît de publicité.

3° Enfin, l'acquéreur doit afficher son contrat pendant deux mois dans l'auditoire du tribunal, et cette affiche a surtout pour but d'avertir les parents et amis des parties intéressées qu'ils feront bien de prendre eux-mêmes des inscriptions sur le bien vendu, au nom de la femme ou du pupille, comme la loi les y invite dans son article 2139.

La loi dit que cette affiche restera pendant deux mois apposée dans l'auditoire du tribunal; c'est vrai si cette affiche est la dernière formalité à laquelle recourt l'acquéreur, ou s'il fait tout à la fois le dépôt, les notifications et l'affiche; mais s'il commençait par l'affiche et laissait s'écouler un certain espace de temps entre cette première formalité et les autres, ce serait à partir de l'accomplissement de la dernière de ces formalités que commencerait à courir le délai de deux mois durant lequel le titre d'acquisition doit rester affiché. C'est pendant ce même délai de deux mois que les femmes, maris, tuteurs, subrogés-tuteurs, et pupilles sont requis de prendre inscription; et ainsi il n'est pas absolument vrai de dire que ces hypothèques légales soient dispensées d'inscription, il faut dire seulement que certaines formalités préliminaires sont indispensables pour mettre la femme ou les pupilles en demeure de s'inscrire. Mais ce qu'il y a encore de particulièrement remarquable dans l'inscription de ces hypothèques, c'est qu'elles ne prennent pas rang comme les autres, suivant leur date d'inscription, mais suivant la date de la naissance de la créance, et c'est ce que dit formellement notre article par ces mots : « .... Inscriptions..... qui auront le « même effet que si elles avaient été prises le « jour du...... etc.... »

Seulement ici se présente une difficulté sur la solution de laquelle les auteurs ne sont pas d'accord. Les divers textes du Code diffèrent sur l'époque à laquelle doivent remonter les inscriptions de la femme ou du pupille sur les biens des maris ou tuteurs, et c'est pour concilier ces textes qu'il y a divergence dans la doctrine. Ainsi, pour ce qui est de l'hypothèque du mineur ou de l'interdit, l'article 3135 du Code Napoléon dit qu'elle remontera au jour de l'acceptation de la tutelle, tandis que notre article 2194 la fait remonter seulement au jour de l'entrée en gestion.

On comprrend aisément qu'entre le jour de l'acceptation et l'époque de l'entrée en gestion, il peut s'écouler un espace de temps assez prolongé, que plus on retardera la date de l'hypothèque, plus le nombre des créanciers du tuteur pourra être considérable, plus le nombre de leurs inscriptions augmentera et viendra diminuer les sûretés du pupille. Il serait donc d'un grand intérêt pour ce dernier que la règle de l'art. 2135 fût adoptée, et que son hypothèque remontât au jour de l'acceptation, quelque considérable que pût être l'espace de temps qui sépare cette époque de l'entrée en gestion. Cette seule considération de l'intérêt bien entendu du mineur doit être déjà un argument en faveur de l'interprétation que nous voulons donner à la loi, qui, en général, entoure d'une protection spéciale ceux dont elle déclare l'incapacité; cet argument nous semble même acquérir la force d'une preuve irréfragable, grâce aux considérations dont M. Troplong l'entoure : « Ce n'est ni du jour de la reddition des comp-« tes, quoique cette reddition puisse seule faire « savoir ce qui est dû, ni du jour où le tuteur « commence à gérer; car, comme je l'ai dit ci-« dessus, il pourrait négliger les actes de sa « gestion, et il n'en serait pas moins respon-« sable ; c'est du jour où la tutelle est acceptée. « On pourra opposer l'art. 2194, duquel il paraît « résulter que le point de départ de l'hypo-« thèque légale du mineur est l'entrée en sec-« tion.

« Mais il faut coordonner cet article avec les « principes généraux dont il a voulu être l'é-

« che. Or, le tuteur est censé entrer en gestion « dès le moment qu'il a accepté la tutelle. La « loi ne suppose pas qu'il soit revêtu des fonc- « tions de la tutelle et qu'il en néglige les de- « voirs. Quelle est donc l'époque de l'accepta- « tion de la tutelle? Pour les tuteurs légitimes, « c'est le jour même de l'ouverture de la tu- « telle, ils ne peuvent ignorer la loi qui les saisit. « Pour les tuteurs testamentaires, c'est le jour « où ils ont eu connaissance du testament. En- « fin, dans les tutelles déférées par le conseil « de famille, la tutelle est censée acceptée du « jour de la nomination du tuteur si elle a lieu « en sa présence sans réclamation, ou, s'il est « absent, du jour de la notification. » (Troplong, *Priv. et hyp.*, tom. 2, n° 128.)

C'est donc l'art. 2135 qu'il nous faut adopter comme contenant la véritable expression de la volonté du législateur.

La question offre plus de difficultés pour ce qui regarde l'hypothèque de la femme : d'un côté, l'art. 2194 la fait remonter au jour du contrat de mariage, tandis que l'art. 2135 lui donne diverses dates, suivant la nature de la créance qu'elle est destinée à garantir. Mais ce qu'il y a de remarquable, c'est que l'art. 2135 qui est au siége de la matière, qui énumère les différentes espèces de créances hypothéquées sur les biens d'un mari au profit de sa femme, ne parle en aucun endroit du contrat de mariage comme point de départ d'aucune de ces hypothèques.

Tout d'abord, nous pensons que les créances de la femme dont l'art. 2135 renferme le détail dans ces deux derniers alinéas, savoir : les créances provenant de successions ou de donations, et les créances provenant des obligations contractées par la femme avec son mari, ne peuvent avoir d'autre date que celle qui leur est attribuée par l'art. 2135, ou ce serait placer la naissance de l'hypothèque à une époque antérieure à l'accomplissement du fait qui peut produire une créance contre le mari. Mais pour garantir la restitution de sa dot et l'accomplissement des conventions matrimoniales, l'art. 2135 accorde à la femme une hypothèque à partir du mariage seulement, tandis que certains auteurs, s'appuyant, du reste, sur le texte même de l'art. 2194, voudraient la faire remonter jusqu'au contrat de mariage. M. Tarrible et M. Troplong, qui ont soutenu cette dernière opinion, se sont principalement appuyés sur l'ancienne jurisprudence et sur le droit romain ; mais, quelle que soit la force des arguments invoqués par ces deux éminents auteurs, nous pensons que leur opinion ne peut être adoptée sans violer les principes nouveaux introduits par notre Code en matière de contrat de mariage et d'hypothèque.

En premier lieu, quand les époux ne rédigent pas de contrat de mariage, il est évident qu'il ne peut s'élever aucune discussion, et que l'hypothèque de la femme ne saurait avoir d'autre date que celle du mariage lui-même, et nous pensons qu'il doit encore en être de même quand les époux ont rédigé un contrat. On a beau prétendre, comme les auteurs dont nous avons cité l'opinion opposée, que les époux s'étant, par leur contrat, soumis à telles ou telles dispositions, qu'ils adoptent comme règles de leurs intérêts pécuniaires pendant le mariage, c'est au jour même de leurs conventions que doivent remonter les effets de ces conventions; il n'en est pas moins vrai que jusqu'au mariage, le contrat n'a aucune existence légale, qu'il n'engage pas encore les époux, que ce n'est qu'un projet dont la réalisation est retardée au jour du mariage (1), qu'il

(1) « L'hypothèque de la femme, dit M. Demante, ne « prendra certainement pas rang avant la célébration du « mariage, et n'aura pas même toujours ce rang (Voir art. « 2135). La loi qui donne à l'inscription le même effet que « si elle avait été prise le jour du contrat de mariage, ne dit « rien de contraire. Effectivement, l'inscription, fût-elle prise « le jour même du contrat, n'attribuerait pas à l'hypothèque

ne confère au mari aucun droit actuel sur les biens de sa femme, et qu'enfin les dispositions qu'il contient peuvent être modifiées. Ajoutez à cette considération, que « l'hypothèque légale « de la femme, comme dit M. Persil, qui n'est « qu'un des effets de la célébration du mariage, « ne peut pas remonter plus loin que le ma- « riage lui-même, puisque, aux termes de l'ar- « ticle 1399, la communauté soit légale, soit « conventionnelle, qu'on peut regarder comme « l'obligation principale à laquelle se rattache « l'hypothèque, n'existe que du jour du mariage « contracté devant l'officier de l'état civil. Or, « il serait contradictoire et même inconséquent « de marquer l'existence de l'hypothèque à « une époque où il n'y a pas encore d'obliga- « tion principale. » Et ce sentiment devient encore plus fondé quand on considère les places respectives qu'occupent dans notre Code les art. 2135 et 2194 : l'art. 2135 est dans une section qui a pour but de fixer le rang des hypothèques entre elles, il est lui-même spécialement destiné à fixer la date précise des hypothèques de la femme, dont il détaille les diverses créances, et il indique formellement pour date

« un rang antérieur à celui qui est déterminé par l'art. « 2135. » (Demante, programme, tom. 3, n. 1063 en notes.)

la célébration du mariage. L'art. 2194, au contraire, ne parle qu'accidentellement de la date de l'hypothèque légale de la femme, son but est de créer une obligation pour la femme de s'inscrire dans un certain délai; il ne parle même pas de toutes les hypothèques que peut avoir la femme, mais seulement d'une seule, et c'est en quelque sorte par hasard qu'il énonce le moment où elle remonte; il n'est donc pas étonnant que cet article contienne une erreur, et, entre deux textes de loi qui semblent en contradiction, il nous paraît conforme aux règles de la saine raison d'adopter celui qui est spécialement destiné à trancher la question.

M. Troplong objecte que notre système conduit à dire que le législateur a commis une erreur dans la rédaction de l'art. 2194; mais lui-même ne semble pas avoir toujours professé un profond respect pour les termes de cet article, puisqu'à propos de l'hypothèque du mineur, dont ce même article lui semble, comme à nous, avoir mal indiqué la date, il propose, et nous avons cité ses paroles, de corriger cet article et de le coordonner avec les principes généraux dont il a voulu être l'écho. Enfin, nous repoussons toute assimilation avec le droit romain, sous lequel le mariage n'avait pas comme chez nous une solennité légale capable de donner une date certaine à cet acte et aux conséquences qu'il pourrait entraîner. Et pour ce qui est de l'art. 1404 qu'on nous oppose, et duquel on voudrait conclure que le contrat de mariage produit des effets antérieurement à la célébration même du mariage, nous pensons qu'il ne peut être invoqué par nos adversaires en faveur de leur opinion, qu'il prévoit un cas particulier de fraude ; et si, pour prévenir cette fraude, il introduit une exception aux principes, il faut bien se garder de généraliser l'exception, mais la restreindre dans les termes mêmes de la loi.

Nous pensons donc que, comme résumé de nos observations, il ne nous reste plus qu'à présenter quelques extraits d'un arrêt de la Cour de Nîmes, du 16 mars 1833, qui adopte, en la motivant, l'opinion que nous avons embrassée :

« Attendu que l'article 2135 Code civil dis-
« pose en termes exprès que l'hypothèque lé-
« gale n'existe au profit des femmes que du jour
« du mariage ; que ces expressions de la loi sont
« claires et ne sont susceptibles d'aucune équi-
« voque, car soit qu'on se rapporte aux termes
« de la loi, ou au langage commun, le mariage
« est toute autre chose que le contrat destiné à
« régler l'association conjugale quant aux biens

« seulement; que d'ailleurs la dot ne peut exis-
« ter sans le mariage, et que le mariage n'a lui-
« même d'existence que par l'union contractée
« devant l'officier de l'état civil;

« Attendu que l'article 2121 n'attribue l'hy-
« pothèque légale qu'aux droits et créances des
« femmes mariées sur les biens de leur mari,
« disposition qui serait évidemment incomplète
« si une femme pouvait, par l'effet d'un simple
« contrat notarié, acquérir une hypothèque
« légale sur les biens de celui avec qui elle n'est
« pas unie par les liens du mariage;.. Attendu
« que les articles 2193, 2194, 2195 ont pour but
« indiqué d'une manière explicite dans le pre-
« mier d'entre eux de donner aux acquéreurs
« d'immeubles appartenant à des maris ou tu-
« teurs le moyen de purger les hypothèques
« légales dont ils sont grevés, qu'à cet effet l'ar-
« ticle 2194 indique les notifications que l'on
« doit faire à la femme, le temps pendant lequel
« les femmes ou les maris pourront prendre
« inscription, les poursuites qui pourront être
« exercées par des tiers contre les maris, à dé-
« faut de déclaration d'hypothèques légales,
« toutes dispositions parfaitement claires et
« coordonnées, fondées sur le fait d'un mariage
« antérieur à la vente; que s'il en était autre-
« ment, et si l'on pouvait supposer que le légis-

« lateur a entendu que les précautions indi-
« quées par ces articles devaient être prises
« contre des personnes autres que des maris
« ou femmes, il est évident que, par les termes
« dont il s'est servi, il aurait induit en erreur
« les acquéreurs, et que ces derniers pourraient
« même se prévaloir des termes exprès de la
« loi pour réclamer contre l'intention qu'on
« leur attribue....

« Par ces motifs, etc.... »

Nous persistons donc dans notre opinion.

CHAPITRE II.

HYPOTHÈSES DIVERSES QUI PEUVENT SE PRÉSENTER APRÈS L'ACCOMPLISSEMENT DES FORMALITÉS DE L'ARTICLE 2194.

§ 1er.

1re Hypothèse. — *Aucune inscription n'a été prise.*

Une fois ces formalités de publicité dont parle l'article 2194 du Code Napoléon accomplies, les femmes et pupilles sont réputés être suffisamment renseignés sur l'aliénation de l'immeuble, et doivent prendre inscription dans les deux mois qui suivent ces formalités; c'est ce que dit positivement l'article 2195, dans sa première partie.

Si, dans ce délai, aucune inscription n'a été prise du chef de la femme, du mineur ou de l'interdit, l'immeuble se trouve définitivement purgé de leurs hypothèques, ces hypothèques sont à tout jamais anéanties, et en quelques mains que l'immeuble passe, il ne pourra jamais être suivi par la femme ou le pupille du premier vendeur : cela ne peut pas faire l'ombre d'un doute.

Mais ici se présente une question depuis longtemps célèbre, qui a divisé et qui divise encore les auteurs et la jurisprudence.

Assurément, disent certains jurisconsultes, la loi dit formellement qu'après l'expiration du délai de deux mois dont il est question dans les articles 2194 et 2195, si aucune inscription n'a été prise du chef de la femme ou du mineur, l'immeuble passera à l'acquéreur sans aucune charge, « A raison des dot, reprises et conventions matrimoniales de la femme, ou de la « gestion du tuteur. » (Article 2195.) Mais cela ne veut pas dire que l'hypothèque entière soit à jamais éteinte, et que le titre de créancier hypothécaire accordé à la femme ou au pupille par l'article 2135, ne puisse plus produire aucun effet.

L'hypothèque, comme on sait, est un droit collectif qui comprend la réunion du droit de suite et du droit de préférence. Il est incontestable que l'article 2195 consacre positivement l'extinction du droit de suite, qu'aurait pu avoir la femme si elle s'était inscrite dans les deux mois; mais nulle part on ne voit qu'il en soit de même du droit de préférence; aucun texte de loi ne semble enlever à la femme le droit de se présenter comme un créancier hypothécaire au rang de son hypothèque, lorsque s'ouvre la procédure d'ordre et que le prix de l'immeuble est distribué aux créanciers; et ainsi, dans ce système, le droit de préférence survivrait au droit de suite, le dernier de ces deux droits serait seul anéanti par le défaut d'inscription, tandis que l'autre subsisterait jusqu'à l'entier acquittement du prix. Tel est ce système soutenu entre autres par MM. Troplong, Delvincourt et Persil, et qui a la prétention de s'appuyer tout à la fois sur l'esprit de la loi, sur son texte et sur ses antécédents historiques: nous n'hésitons pas cependant à le repousser, mais, comme nous ne voulons pas déguiser sa force, nous allons passer à l'examen rapide des principaux raisonnements dont il s'entoure.

L'édit de 1771, qui contient l'idée première de notre purge actuelle, avait prévu la difficulté qui nous arrête en ce moment, et l'avait résolue d'une manière positive dans son article 17, où il est dit : « Toutes personnes, de quelque « qualité qu'elles soient, même les mineurs, « les interdits, les absents, les gens de main- « morte, les femmes en puissance de mari, se- « ront tenues de former opposition sous peine « de déchéance de leurs hypothèques, sauf le « recours, ainsi que de droit, contre les tu- « teurs et administrateurs qui auront négligé « de former opposition. »

Par conséquent, sous cet édit, l'opinion suivant laquelle l'hypothèque toute entière est éteinte par le défaut d'inscription et le droit de préférence a disparu avec le droit de suite, était en quelque sorte sanctionnée par la loi. Pourquoi le Code civil n'a-t-il pas reproduit formellement une disposition analogue ? C'est, disent nos adversaires, parce qu'il entendait introduire un changement; donc, aujourd'hui, le droit de préférence survit au droit de suite. Tel est le premier argument, tout historique, de nos adversaires, et dont il est aisé de faire justice, tant il est contraire à tous les principes du raisonnement. Comment soutenir, en effet, que par cela seul qu'une législation nouvelle ne prévoit pas un cas que les législations antérieures avaient prévu, ne résout pas une difficulté qui avait été tranchée avant elle par des textes formels, elle entend introduire une innovation et modifier la décision de ses devanciers ? Ne serait-il pas, au contraire, plus logique d'en inférer qu'elle n'a fait que suivre la voie qui se trouvait ouverte devant elle, puisqu'elle n'a pas manifesté l'intention d'en adopter une autre? Cet argument pourrait donc être invoqué victorieusement dans notre système. Mais, sans vouloir ici lui attribuer une puissance exagérée, qu'il nous suffise d'avoir prouvé que le silence de la loi n'a jamais suffi et ne peut pas suffire pour sanctionner une innovation. Passons à un autre argument plus sérieux.

En jetant les yeux sur l'article 2195 au sujet duquel naît la difficulté, nous y voyons : « Qu'à « défaut d'inscription du chef des femmes, « mineurs ou interdits, sur les immeubles ven- « dus, ils passent à l'acquéreur sans aucune « charge à raison des dots, reprises, etc..... » Nos adversaires, s'emparant de ce texte, prétendent que cet article, dans ses expressions, ne peut avoir en vue que les rapports de la femme avec le tiers détenteur, qu'il ne s'occupe en rien des rapports qui peuvent exister entre la femme et les autres créanciers relativement à la distribution du prix, et que par conséquent leur système, suivant lequel le droit de préférence n'est pas encore éteint, ne viole en aucune façon le texte de la loi. Il est de principe, ajoutent-ils, que le droit de suite et le droit de préférence, dont la réunion forme le droit d'hypothèque, sont, par leur nature et par les dispositions de la loi, complètement distincts et séparés; on peut parfaitement supposer l'existence de l'un après l'extinction de l'autre, et c'est ce que la loi elle-même a prévu, lorsque, dans son article 2198, elle règle que les créanciers omis dans le certificat du conservateur perdront tout recours contre le tiers détenteur, mais se feront payer à leur rang lorsque le prix sera distribué entre les créanciers inscrits. En consultant même, ajoutent-ils, l'article 2135 qui crée l'hypothèque légale au profit de la femme, on voit la loi déclarer positivement que cette hypothèque subsiste indépendamment de toute inscription, et produit des effets par le seul fait de son existence. Si, maintenant, dans une matière spéciale qui a pour but de consacrer au profit du tiers détenteur la faculté d'anéantir, au moyen de la purge, les conséquences du droit de suite, la loi impose à la femme la nécessité de s'inscrire, ce n'est là évidemment qu'une disposition relative au droit de suite; mais aussitôt que les intérêts du tiers détenteur ne sont plus en jeu, l'hypothèque reparaît et doit faire accorder à la femme le droit de participer à la distribution du prix, suivant le rang que lui assigne l'article 2135. Tel est le second argument dont nous n'avons pas, ce nous semble, dissimulé la portée, mais qui doit également tomber devant des considérations et des textes de loi qui nous semblent formels.

Et d'abord, sans vouloir nier la réalité de cette distinction faite par nos adversaires entre le droit de suite et le droit de préférence, qu'il nous soit permis, pour la ramener à sa véritable valeur, de citer les paroles du conseiller à la Cour de cassation, rapporteur(1) dans la dernière affaire où fut soulevée la question qui nous occupe : « Aux considérations ingénieuses « présentées pour séparer le droit de suite et « le droit de préférence, on peut répondre que « ce sont là deux effets d'une même cause, « que le droit de suite est le moyen employé « pour arriver au droit de préférence, qui est « la fin de l'hypothèque ; que celui-ci n'est « que la conséquence, la suite et le complé- « ment de l'autre ; qu'il suit de là que si le « droit de suite est éteint à raison du défaut « d'inscription, le droit de préférence n'ayant « été ni maintenu, ni conservé, s'éteint égale- « ment ; qu'il est impossible d'admettre que

(1) Voir le rapport de M. Faustin Hélie, du 23 février 1852, chambres réunies. Sirey, année 1852, 1, 83.

« l'hypothèque, nulle relativement à l'immeuble,
« conserve ses effets sur le prix qui n'est que
« la représentation de cet immeuble; que le
« droit est le même et que l'objet auquel il
« s'applique a seul changé de nature, et qu'il
« serait étrange de supposer que ce droit, tout-
« à-l'heure frappé de déchéance, puisse re-
« vivre par cela seul que l'immeuble s'est
« transformé en une somme d'argent.

« Et d'ailleurs, si l'on admet cette seconde
« action sur le prix, quel sera son terme? On
« soutient qu'elle vivra tant que les choses
« seront entières, tant que les créanciers n'au-
« ront pas absorbé le prix. Pourquoi cette
« limite? Si l'action de la femme est indépen-
« dante de toute inscription, pourquoi ne
« s'exercerait-elle pas comme toutes actions
« pendant trente ans? Pourquoi serait-elle for-
« close par l'ordre, lorsque la femme n'a pas
« même dû y être appelée? Et s'il n'y a pas
« eu d'ordre, s'il n'y avait pas plus de trois
« créanciers inscrits, où serait le prétexte de
« la déchéance? Et cependant, comment ad-
« mettre cette faculté de contester pendant
« de longues années des collocations réguliè-
« rement faites? »

Si, maintenant, après avoir établi la connexité de ces deux droits, nous jetons les yeux sur l'art.

2166, nous y voyons que la loi exige une inscription pour que l'hypothèque produise au profit du créancier hypothécaire un droit de préférence sur le prix : (1) l'art. 2180, qui se trouve au siège de la matière est encore plus formel, et dit positivement que la purge éteint les hypothèques. Or, par ce mot hypothèque, ce n'est pas seulement le droit de suite qu'on entend, c'est aussi le droit de préférence, puisque la réunion de ces deux droits, au dire même de nos adversaires, constitue le droit hypothécaire ; par conséquent, qui dit extinction d'hypothèque, dit extinction du droit de préférence et du droit de suite (2). A un argument de texte aussi péremp-

(1) Ajoutez à cela que les articles 692, 752, 763 et 775 du Code de procédure ne permettent qu'aux seuls créanciers inscrits d'intervenir dans l'ordre.

(2) « Attendu en droit, que l'art. 2180 a placé au rang des causes d'extinction des hypothèques, sans aucune distinction entre celles qui ne résultent que de la loi et les hypothèques judiciaires et conventionnelles, l'accomplissement des formalités prescrites aux tiers détenteurs pour purger les biens par eux acquis... Attendu que l'article 2195 attache à l'accomplissement des formalités prescrites par l'article 2194, la purge de l'hypothèque légale, s'il n'y a pas eu d'inscription prise dans l'intérêt de la femme pendant les deux mois de l'exposition du contrat de vente, puisqu'il dispose que les immeubles vendus passent à l'acquéreur sans aucune charge à raison des dot, reprises et conventions matrimoniales de la

toire, en vain opposerait-on les cas exceptionnels où, comme dans l'art. 2198, la loi a expressément fait survivre le droit de préférence au droit de suite ; précisément parce qu'elle contient une exception, nous ne nous arrêterons pas devant cette disposition de la loi, et nous ne serons pas du reste embarrassés pour justifier cette exception. Il nous suffira de jeter un coup d'œil sur la position du créancier omis dans le certificat du conservateur : d'un côté, il n'a pas été négligent comme la femme ou les amis de la femme auxquels des notifications et des affiches ont fait un appel prolongé ; d'un autre côté, ses droits ne sont pas ignorés de ses co-créanciers, puisqu'il a rendu son hypothèque publique par l'inscription. La femme, au contraire, est restée dans l'ombre, elle n'a répondu à aucune provocation, et maintenant elle prétend qu'elle ne doit subir aucun dom-

femme; attendu que la purge de cette hypothèque légale en entraîne nécessairement l'extinction, aux termes de l'article 2180 ; attendu qu'une hypothèque éteinte ne peut plus produire aucun effet, et que ce serait lui en donner un que d'admettre son influence sur la distribution du prix, qui n'est que la représentation d'immeubles purgés de cette hypothèque, et qui ne doit être attribué dans l'ordre qu'aux créanciers qui ont conservé leurs droits hypothécaires,... etc... » (Cour de cassation, 3 février 1847. Sirey, 47, 1, 212.

mage par suite de son inaction; évidemment les rôles sont si différents, qu'on ne peut tirer aucun argument d'analogie de l'un en faveur de l'autre.

Ceci posé, il nous semble avoir démontré d'une manière suffisante que la loi avait sanctionné par son texte le système que nous proposons. Jetons maintenant les yeux sur l'esprit de la loi, et recherchons dans quel sens l'intention présumée du législateur doit diriger notre opinion.

Dans le système que nous combattons, et d'après lequel le droit de suite éteint par le défaut d'inscription dans les délais légaux serait seul anéanti, sans que la femme ou le mineur eussent encore perdu le droit de préférence sur le paiement du prix, on invoque la protection spéciale dont la loi entoure l'hypothèque légale de la femme, du mineur et de l'interdit; on fait ressortir l'avantage immense qui résulte pour ces incapables de la survie de leur droit de préférence, et cet intérêt semble à nos adversaires une raison sans réplique à l'appui de leurs prétentions. Voici comment s'exprime M. Delangle en parlant de l'hypothèque légale de la femme: « Le but de l'hypothèque, dit-il, quelle « qu'en soit la nature, conventionnelle, judi- « ciaire ou légale, n'est pas de frapper d'in- « disponibilité dans les mains du débiteur les

« immeubles grevés; c'est d'en affecter le prix
« au paiement des créanciers dont l'hypothè-
« que forme la garantie. C'est dès lors au mo-
« ment où l'immeuble est vendu, où sa valeur se
« réalise, qu'apparaît l'utilité de l'hypothèque.
« Eh bien ! un immeuble appartenant au mari
« est vendu ; l'acquéreur a déposé le prix, le
« fait en vue duquel est instituée l'hypothèque
« se réalise; la femme dont la dot a été dissipée
« se présente, on l'éconduit.

« Aux termes de l'art. 2191 du Code civil, vous
« deviez prendre inscription ; vous ne l'avez
« pas prise, le droit est perdu, perdu sans retour.
« Quoi ! tant qu'il n'y a pas eu de danger pour la
« femme, tant que, l'immeuble restant dans les
« mains du mari, la sécurité a été complète, la
« loi a veillé sur elle. Sans manifestation exté-
« rieure, sans inscription, son droit est demeu-
« ré intact.

« Supposant que ni la femme, ni le mari, ni
« les parents, ni les officiers du parquet, n'ac-
« compliraient les formalités propres à donner
« à l'hypothèque légale la publication néces-
« saire, la loi y a suppléé par sa toute-puissance;
« et, dérogeant aux principes fondamentaux du
« régime hypothécaire, elle a décidé que l'hy-
« pothèque existerait indépendamment de toute
« inscription.

« Et quand l'immeuble est vendu, quand la « femme tend la main vers le prix, les faits en « vue desquels elle a obtenu protection spéciale, « les mêmes faits prennent une autre significa- « tion ! on ne tient plus compte de l'impuis- « sance de la femme, de la connivence du mari, « de l'inaction du ministère public, de l'indif- « férence des parents! la protection manque juste « au moment où elle est le plus nécessaire. » (Delangle, *Conclus.* du 23 février 1852 devant la Cour de cassation. Sirey, année 1852, p. 87.)

M. Troplong généralise ces observations et ne s'en tient plus seulement à l'hypothèque légale de la femme. Il commence par poser en principe que la procédure de la purge n'est organisée que dans l'intérêt exclusif du tiers détenteur, qu'elle n'intéresse nullement les créanciers à l'égard desquels l'hypothèque légale prend rang sans inscription, et, comme conséquence nécessaire, cet auteur conclut à ce que la femme ou le pupille, qui ne sont pas inscrits en temps utile pour surenchérir, puissent au moins participer à la répartition du prix. Car le droit de suite est à la vérité anéanti afin que désormais le tiers détenteur ne puisse plus être inquiété par ces hypothèques légales, mais : « le droit de la femme et du mineur, sur le prix, « sera maintenu intact ; car en disparaissant de

« dessus l'immeuble, il s'est, de plein droit, « converti en action sur le prix, et là l'inscrip- « tion ne lui est pas nécessaire ; là le droit de « la femme subsiste indépendamment de toute « inscription. » (Troplong, *Priv. et Hyp.*, t. 4, n° 984.)

Comme on peut le remarquer, les deux magistrats éminents dont nous venons de citer quelques paroles, partent d'un même principe ; ils pensent que la conservation du droit de préférence au profit de la femme, du mineur ou de l'interdit, ne peut apporter aucun préjudice au tiers détenteur dans l'intérêt exclusif duquel, comme dit M. Troplong, la procédure de la purge a été organisée; et, en conséquence, la protection spéciale dont la loi entoure les hypothèques légales dispensées d'inscription les engage a soutenir que le droit de préférence n'est pas éteint par le défaut d'inscription dans les deux mois dont parle l'article 2195. Pour nous, bien que fort disposés à admettre une pareille théorie si favorable aux incapables, nous pensons que les divers jurisconsultes qui la soutiennent n'ont aperçu qu'un des côtés de la question, qu'ils se sont peut-être laissé aveugler par l'intérêt que leur inspirait la femme, le mineur ou l'interdit, et qu'ils n'ont pas assez considéré l'intérêt du tiers détenteur. Ce tiers détenteur, en effet, ne peut pas être indifférent à la conservation ou à l'extinction du droit de préférence au profit de l'immeuble, et sa position est toute différente suivant qu'on adopte l'un ou l'autre de ces deux systèmes. Supposons un instant que l'opinion de nos adversaires soit admise, que se passera-t-il? La femme ou le mineur ne sont pas venus à temps pour surenchérir; néanmoins ils se font payer à leur rang quand le prix de l'immeuble est distribué aux autres créanciers inscrits. Il en résultera que ces derniers, soumis à l'inscription, ne tiendront nul compte des offres que leur fait le tiers détenteur, puisqu'en les acceptant ils auront toujours la crainte, jusqu'à la clôture de l'ordre, de voir intervenir un mineur ou une femme dont ils ignorent l'existence, et qui vient diminuer ou absorber le prix de l'immeuble. L'effet naturel de cette crainte sera de les pousser à surenchérir, et, par conséquent, à exproprier le tiers détenteur. Que notre opinion triomphe, et les créanciers connaissant d'une manière exacte, une fois les délais expirés, ce qui doit revenir à chacun d'eux dans la distribution du prix, ils n'ont plus à redouter un creancier occulte, et par conséquent ne surenchériront qu'autant qu'ils auront la certitude de n'être pas payés.

Cette dernière considération tout-à-fait pratique nous semble puisée dans les principes mêmes de la matière, et par conséquent conforme aux intentions du législateur et à l'esprit de la loi. Non-seulement cet argument repousse tous les raisonnements invoqués en faveur de la femme ou des pupilles, mais il ramène la question à son véritable point de vue, en appelant l'attention sur l'intérêt bien entendu du tiers acquéreur, et, en conséquence, il vient corroborer les arguments de texte que déjà nous avons fait valoir.

Jetons du reste un instant les yeux sur les cas exceptionnels où la loi permet formellement que le droit de préférence survive au droit de suite, et nous verrons que précisément, dans ces espèces, la position du tiers détenteur est telle, que l'intervention d'un créancier nouveau lors de la répartition du prix ne peut en aucune manière influer sur sa position et engager les autres créanciers inscrits à surenchérir et à l'exproprier. Ainsi, dans l'art. 2198 du C. civ., le créancier omis dans le certificat du conservateur et privé du droit de surenchérir, n'est pas un créancier occulte, ses co-créanciers le connaissent, savent qu'ils auront à concourir avec lui puisqu'il est inscrit en temps utile; cette connaissance influe nécessairement sur le parti qu'ils prennent d'accepter les offres ou de surenchérir, et par conséquent l'acquéreur n'a aucun intérêt à ce que le droit de préférence soit enlevé à ce créancier.

De même dans la loi du 3 mai 1841 sur l'expropriation pour cause d'utilité publique, article 17, nous voyons que les créanciers qui peuvent avoir une hypothèque sur l'immeuble exproprié ont quinze jours pour s'inscrire à partir de la transcription du jugement d'adjudication, et qu'à défaut d'inscription prise dans ce délai, l'immeuble exproprié sera affranchi de tous privilèges et hypothèques de quelque nature qu'ils soient; mais la loi ajoute : « Sans « préjudice des droits des femmes, mineurs et « interdits sur le montant de l'indemnité, tant « qu'elle n'a pas été payée ou que l'ordre n'a « pas été réglé définitivement entre les créan- « ciers..... » Ici donc, le droit de préférence survit au droit de suite; mais comme l'indemnité qui représente la valeur de l'immeuble est réglée soit à l'amiable entre le propriétaire et l'administration, soit par un jury spécial, et que, dans aucun cas, les créanciers hypothécaires ne jouissent du droit de surenchérir, il en résulte que les motifs qui nous ont fait repousser les prétentions des incapables non-inscrits quand ils se présentaient à la répartition du prix, n'ont plus ici aucune force, et nous comprenons dès-lors parfaitement la disposition de l'art. 17 de la loi de 1841, tandis qu'au contraire, une semblable décision admise en matière d'aliénation volontaire pourrait, comme nous l'avons dit, compromettre gravement les intérêts du tiers détenteur (1).

La réfutation que nous nous sommes efforcé de présenter des principales raisons apportées par nos adversaires à l'appui de leur opinion, nous semble suffisamment complète pour servir en même temps à l'établissement de notre système, système qui semble actuellement adopté d'une manière constante par la Cour de cassation, et contre lequel cependant bon nombre de cours impériales et de jurisconsultes renommés protestent encore, mais en vain. Voici, du reste, quelques considérants d'un arrêt qui résument, en les fortifiant, les principaux arguments que nous avons tirés du texte de la loi en faveur de l'extinction totale du droit de préférence et du droit de suite :

(1) Il y a encore d'autres cas exceptionnels où le texte formel de la loi nous oblige à admettre que le droit de préférence survit à l'extinction du droit de suite (Voir du reste Persil, *priv. et hyp.*, tom. 1, art. 2108, 2109), et nous ferons observer, lorsque nous traiterons ces questions, à quelles difficultés elles peuvent donner naissance (Voir *infra*. notre appendice sur la purge des privilèges).

« Attendu qu'aux termes de l'article 2180 « du Code civil les hypothèques s'éteignent par « l'accomplissement des formalités et condi- « tions prescrites aux tiers détenteurs pour « purger les biens qu'ils ont acquis ; que ce « mode d'extinction, puisque la loi ne fait à « cet égard aucune distinction, s'applique aux « hypothèques légales aussi bien qu'aux hypo- « thèques conventionnelles ou judiciaires ;

« Que si, suivant la disposition de l'article « 2135, l'hypothèque existe indépendamment « de toute inscription, au profit des femmes « sur les immeubles de leurs maris, cette excep- « tion à la règle générale de la publicité cesse « lorsque, les immeubles étant passés dans les « mains des tiers, ceux-ci ont rempli les formali- « tés de la purge ; que l'article 2193 confère, en ef- « fet, aux tiers acquéreurs le droit de purger les « hypothèques légales, non inscrites, existant « sur les biens par eux acquis ; que l'article « 2194 énumère les formalités nécessaires pour « mettre la femme en demeure de prendre in- « scription, et que l'article 2195 déclare que « si, dans les deux mois de l'exposition de l'ac- « te de vente, il n'a pas été fait d'inscription « du chef de la femme, l'immeuble passe à l'ac- « quéreur sans aucune charge ;

« Que l'hypothèque légale, ainsi frappée de

« déchéance en ce qui concerne l'acquéreur, « par l'accomplissement des formalités légales, « ne peut conserver sa puissance en ce qui « concerne les créanciers, puisque, d'une part, « cette déchéance est prononcée sans aucune « réserve, et que, d'une autre part, la loi n'ac- « corde à la femme qu'un recours contre son « mari; que, d'ailleurs, la femme qui a perdu « son droit de suite sur l'immeuble ne peut « revendiquer un droit de préférence sur le « prix, puisque le prix n'est que la représenta- « tion de l'immeuble affranchi de l'hypothèque, « et que le droit de collocation n'est que la « continuation et la conséquence du droit de « suite. » (Cour de cas., Arrêt du 23 février 1852.)

Si le mari ou le tuteur n'ont pas pris inscription en temps utile, l'article 2195, dans son premier paragraphe, les soumet au recours que pourront exercer contre eux la femme et les pupilles; ce n'est, du reste, que l'application de la règle générale qui fait subir aux administrateurs les conséquences de leurs négligences et de leurs omissions; mais nous devons observer que, dans l'espèce présente, ce recours accordé à la femme, au mineur et à l'interdit ne leur sera pas d'une bien grande utilité; en effet, de deux choses l'une : ou le mari est solvable, ou il ne l'est pas; s'il est solvable, la femme, quand elle réclamera ses reprises ou l'exécution de ses conventions matrimoniales, n'éprouvera aucun préjudice et n'aura pas besoin du recours que lui accorde notre article. Que le mari, au contraire, soit insolvable, et, malgré le recours que lui donne la loi, la femme ne pourra rien obtenir de lui, et les mêmes observations sont applicables au tuteur comme au mari.

On dit que notre article servira, du moins, à faire prononcer la contrainte par corps; mais il n'était pas besoin d'une disposition particulière pour cela, puisque l'article 126 du Code de procédure dit que cette contrainte pourra être prononcée, en matière civile, pour dommages et intérêts dépassant la somme de 300 francs; et encore faut-il observer qu'en vertu de l'article 19 de la loi du 17 avril 1832, la femme ne pourra jamais faire prononcer la contrainte par corps contre son mari.

§ II.

2° HYPOTHÈSE. — *Il a été pris des inscriptions du chef de la femme, du mineur ou de l'interdit.*

Jusqu'ici, nous avons raisonné dans l'hypothèse où aucune inscription n'ayant été prise, l'immeuble se trouve purgé par suite de l'insouciance ou de l'incurie des créanciers. Mais, à l'inverse, quelques hypothèques peuvent se révéler dans les deux mois dont parle l'art. 2195, et alors la position du tiers acquéreur est toute autre. Car, par cela même qu'il a rendu son acquisition publique, et qu'il a offert un prix à tous les créanciers hypothécaires, il a mis ces créanciers en demeure d'accepter ses offres ou de surenchérir : la femme, le mineur, l'interdit, se trouvent comme tous les autres créanciers dans cette alternative ; seulement, ici se présente une difficulté des plus sérieuses : tandis qu'en parlant de la purge ordinaire, la loi indiquait d'une manière précise quel délai était accordé aux créanciers pour prendre un parti, et les obligeait, s'ils voulaient surenchérir, à le faire dans les quarante jours qui suivaient les notifications qui leur étaient adressées par l'acquéreur, ici le législateur reste muet, il n'indique qu'un seul délai de deux mois pendant lesquels le contrat doit rester affiché. Mais une fois ces deux mois expirés, les créanciers sont-ils encore en position de requérir la mise aux enchères? ont-ils perdu cette faculté, ou faut-il, pour la leur faire perdre, recourir à quelque formalité nouvelle ? Silence complet de la loi, et, par conséquent, controverse entre les auteurs. Deux systèmes ont été soutenus, et partagent la doctrine et la jurisprudence.

Ainsi, suivant un arrêt de la Cour impériale de Caen, du 12 avril 1826, une fois que les hypothèques des mineurs, des interdits et des femmes mariées ont été inscrites, le tiers détenteur n'aurait d'autre moyen de faire courir pour ces créanciers les délais de surenchère, que de leur adresser, comme dans la purge ordinaire, les notifications et le tableau sur trois colonnes dont parle l'art. 2183, et de les traiter en conséquence comme des créanciers ordinaires. Les art. 2194 et 2195, dit-on dans ce système, attribuent aux inscriptions prises par les femmes et pupilles dans les deux mois de la publication du contrat, les mêmes effets que si elles avaient été prises au jour du mariage ou de l'acceptation de la tutelle, et il est évident que si ces inscriptions eussent été prises à l'une ou l'autre de ces époques, les formalités de l'art. 2183 seraient indispensables pour arriver à les purger; c'est donc à ces mêmes formalités qu'il faut recourir aujourd'hui qu'elles sont inscrites.

Un pareil raisonnement, tout spécieux qu'il est, ne nous semble pas en harmonie avec l'esprit de la loi. Tout d'abord, il faut remarquer que nous nous trouvons, en ce qui concerne la purge, devant deux chapitres du Code entièrement différents, dont l'un s'applique à la purge ordinaire, l'autre à la purge légale, et dont les dispositions respectives ne doivent pas être confondues. Dans les art. 2183 et suivants, se trouvent énumérées certaines formalités, et dans l'art. 2194 se trouve exposé tout un autre système de publicité, complet par lui-même, et qui n'a pas besoin des emprunts que l'arrêt de la Cour de Caen voudrait lui faire au chapitre précédent. Aussi, adopter l'opinion de la Cour de Caen, ce serait empiéter sur le domaine du législateur, créer des dispositions de loi dont nous ne voulons pas discuter ici l'opportunité, mais dont assurément il est fort aisé de se passer.

Ce qui prouve, du reste, l'inutilité d'une pareille innovation, c'est que dans la pratique elle n'a pas prévalu, et qu'actuellement on admet, ce que nous prétendons parfaitement légal, que la loi n'a accordé en tout que deux mois à la femme et aux pupilles pour s'inscrire et pour surenchérir à la fois, et qu'aussitôt ces deux mois expirés, non-seulement la femme qui ne s'est pas inscrite ne peut plus s'inscrire, mais la femme qui a pris inscription et qui n'a pas fait des offres de surenchère a perdu la faculté de surenchérir. Toute disposition contraire eût été, du reste, formellement exprimée dans la loi;

et par cela seul que l'article 2195 ne parle que d'un délai de deux mois, c'est qu'aucun autre délai ne doit être introduit.

L'article 775 du Code de procédure vient du reste à l'appui de notre opinion, et nous semble assez explicite pour lever tous les doutes qui pourraient encore subsister à cet égard; cet article règle qu'en cas d'aliénation volontaire, ce qui est notre espèce, l'ordre ne sera provoqué par les créanciers inscrits qu'après l'expiration des trente jours qui suivront les délais prescrits par notre article 2194 du Code civil; ce qui suppose évidemment que de nouvelles formalités et de nouveaux délais ne seront pas ajoutés à ceux que cet article énonce, mais qu'une fois les deux mois expirés, les trente jours qui précèdent l'ordre doivent commencer à courir.

Notre système cependant, bon pour la généralité des cas, ne doit pas être adopté d'une manière trop absolue, et doit souffrir de nombreuses exceptions. Ainsi, quand le contrat public affiché ou notifié d'après les prescriptions de l'art. 2194 ne contiendra pas l'énonciation d'un prix devant servir de base à la surenchère des femmes ou des pupilles, ceux-ci se trouvant par suite même de ce silence dans l'impossibilité de surenchérir, devront attendre que l'acquéreur leur fasse des notifications supplémentaires contenant des offres véritables, et alors nous pensons qu'il faut recourir dans ces cas au système de nos adversaires, et accorder un délai de quarante jours aux créanciers, à partir de la notification, pour se décider à accepter ou à refuser les offres qui leur sont faites. Mais nous n'en décidons pas moins en règle générale que la femme, les mineurs et les interdits n'ont qu'un délai de deux mois à partir de l'exposition du contrat au greffe, pour faire, s'ils le jugent à propos, leur offre de surenchère.

Ici se présente une objection qui semble couper court à toute cette discussion, simplifier considérablement toutes les formalités de la purge légale, et mettre les tiers acquéreurs dans la position la plus critique : pour en comprendre toute la portée, précisons d'abord le point où nous en sommes arrivés en ce moment.

Si, dans le délai de deux mois, aucune inscription n'a été prise, il est évident, et la question ne saurait être controversée, que l'immeuble est à tout jamais affranchi des droits qui le grevaient du chef des femme et pupille du vendeur. Mais s'il a été pris quelques inscriptions, elles ne peuvent pas, suivant certains auteurs, être purgées, et l'immeuble doit, en conséquence, rester entre les mains de l'acquéreur grevé de ces hypothèques, tant que dure la tutelle ou le mariage. En effet, disent les partisans de ce système, il n'y a de purge possible qu'autant qu'on met les créanciers hypothécaires en position d'accepter le prix qui leur est offert ou de surenchérir ; ce choix fait toute la force de l'hypothèque et sert de contrôle à l'aliénation du débiteur. Mais pour les femmes, les mineurs, les interdits, il n'y a pas de surenchère possible ; ainsi, je suis tuteur, je vends mon immeuble, le subrogé-tuteur prend au nom de mon pupille inscription sur cet immeuble : mais là s'arrête son pouvoir, il ne peut pas surenchérir, car il n'a pas de fonds pour cela, et, du reste, quand même il voudrait prendre sur sa fortune particulière l'argent nécessaire pour faire les avances, il n'est pas encore certain que le pupille ait une créance contre moi, son tuteur, et, dans tous les cas, le montant de cette créance n'est pas encore fixé et ne peut l'être qu'après la fin de la tutelle, lorsque j'aurai rendu mes comptes. Le mineur se trouve donc en quelque sorte dans l'impossibilité de surenchérir, soit par lui-même, soit par l'intermédiaire de son subrogé-tuteur. La même difficulté se présente durant le mariage : la femme ne sait pas encore si elle deviendra un jour créancière de son mari, et quel sera le montant de sa créance. De plus, peut-on ajouter, dans quel délai la femme sera-t-elle obligée de faire sa réquisition de surenchère? L'article 2194 parle d'un délai de deux mois, mais ce délai ne peut pas courir pendant le mariage, car la femme, en surenchérissant, ferait naître contre son mari une action en garantie au profit de l'acquéreur évincé par la surenchère, et nous trouvons dans l'art. 2256 du Code civil, § 2, que la prescription est suspendue pendant le mariage dans tous les cas où l'action de la femme réfléchirait contre son mari. Et, du reste, ajoute-t-on, le titre même du chapitre 9, qui règle le mode de purger les hypothèques *quand il n'existe pas d'inscription* sur les biens des maris et des tuteurs, semble supposer qu'une fois ces hypothèques inscrites, les dispositions du chapitre ne leur sont plus applicables et que la purge ne peut plus les atteindre.

Ces considérations, dont nous ne méconnaissons pas la force, avaient frappé M. Persil, qui s'exprime ainsi : « On peut dire que les mi-« neurs et les femmes ne doivent pas pouvoir « surenchérir durant la tutelle ou le mariage, « parce que leurs droits ne sont pas encore « ouverts, que le tuteur ne doit encore rien à « ses pupilles, que le mari ne doit pas être « privé de la dot durant le mariage, ni forcé à

« payer d'avance des avantages qui sont atta-
« chés à la survivance toujours incertaine d'un
« des époux; que, conséquemment, la faculté
« de surenchérir ne leur est offerte qu'à l'ou-
« verture de leurs droits, c'est-à-dire, pour le
« mineur, dès qu'il est devenu majeur; pour
« la femme, lors de la dissolution du mariage.»

De là notre auteur conclut logiquement que pour ces créanciers hypothécaires, le délai de surenchère ne peut courir que du jour où ils ont pu librement exercer leurs droits, c'est-à-dire du jour de la majorité ou de la dissolution du mariage. Mais, effrayé en quelque sorte des conséquences d'une pareille opinion, le même auteur, dans une seconde édition, abandonne son premier système et fournit d'excellents arguments pour le combattre: « On ne
« peut plus forcer, dit-il, les tiers détenteurs
« à rester constamment dans l'incertitude, et
« toujours exposés à se voir dépouiller d'une
« propriété; cette incertitude tournerait au
« préjudice de la société et finirait par para-
« lyser, entre les mains des maris, les biens
« dont ils se trouveraient propriétaires. Quelle
« raison, d'ailleurs, de ne pas faire courir les
« délais de la surenchère contre les mineurs et
« les femmes mariées? On les prive bien de
« leur hypothèque si leur inscription n'est pas

« prise dans les deux mois de l'exposition du « contrat, pourquoi ne les priverait-on pas « également du droit de surenchérir? Il y a « parité de raison dans les deux cas, il faut « donc qu'il y ait parité de doctrine. » (Persil, *hypoth.*, tom. II, art. 2195.)

Ces raisons nous semblent tout-à-fait propres à renverser le premier système de M. Persil. Outre tous les inconvénients sociaux qu'il indique, nous pensons qu'un système dont le résultat certain est de mettre les acquéreurs d'un bien dans l'impossibilité de purger certaines hypothèques inscrites sur ce bien, ne peut pas être introduit sans une disposition de la loi tout-à-fait formelle. Il est vrai que les femmes, les mineurs, les interdits éprouveront de grandes difficultés pour surenchérir, que leur position en sera aggravée, mais enfin ils ne sont pas dans une impossibilité absolue, et, ce qui le prouve, c'est que dans la pratique des affaires on voit parfois ces créanciers faire des réquisitions de surenchère.

Si donc ils peuvent surenchérir, on ne peut plus s'appuyer sur cette impossibilité prétendue pour proscrire la purge des hypothèques légales une fois inscrites; et tant qu'une loi positive ne prohibera pas cette purge, nous devrons penser que le législateur, en indiquant au tiers détenteur le moyen de provoquer l'inscription de ces hypothèques, avait évidemment l'intention de lui permettre d'en affranchir son immeuble; sinon toutes ces formalités eussent été illusoires, et jamais un acquéreur ne les eût remplies, puisqu'elles n'auraient pu le conduire à aucun résultat. Il est encore vrai que ces créances de la femme et du mineur ne sont que conditionnelles; mais, dans la purge ordinaire, ne reconnaît-on pas aux créanciers conditionnels le droit de surenchérir, et ceux-là même dont le montant des créances n'est pas encore fixé ne doivent-ils pas, lors de leurs inscriptions, évaluer approximativement ce montant, en vertu de l'article 2132? et jamais, lors de la purge, leur a-t-on refusé le droit de surenchérir? Les femmes, les mineurs pourront parfois y perdre une partie de leurs sûretés, c'est possible, mais à qui s'en prendre? Uniquement à la loi, qui, dans l'intérêt de la circulation des biens, a seulement accordé à ces incapables une hypothèque sur certains biens, et qui n'a pas enlevé aux maris et tuteurs la faculté d'aliéner leurs immeubles. Mais une fois l'aliénation permise, on devait nécessairement, et sous peine d'inconséquence, permettre aussi la purge. Ainsi, tout en reconnaissant la force de l'objection, nous pensons qu'il est contraire tout à la fois et à la volonté de la loi et à l'intérêt public, de la faire triompher. Nous signalons l'inconvénient qui n'a probablement pas été prévu par le législateur, mais il ne nous arrête pas, et nous proposons d'admettre la purge des hypothèques des femmes, des mineurs et des interdits, même après leurs inscriptions.

Il ne nous reste plus, pour terminer l'étude des dispositions du Code sur la purge, qu'à étudier les deux espèces prévues par les derniers alinéas de l'art. 2195.

1re espèce. — Si l'inscription, prise dans le délai des deux mois de l'exposition au greffe, au nom de la femme, du mineur ou de l'interdit, n'arrive pas en ordre utile, et que leur hypothèque soit primée par d'autres hypothèques antérieures en date, rien de plus simple : le tiers acquéreur n'a qu'à payer son prix aux créanciers, qui, suivant l'ordre, viennent en rang utile ; et toutes les autres hypothèques sont rayées, l'immeuble se trouve ainsi purgé d'une manière complète et définitive.

2e espèce. — Si, à l'inverse de l'hypothèse précédente, les hypothèques des femmes, mineurs, interdits, priment les autres créanciers, l'art. 2195, dans son 3e alinéa, nous dit que

« l'acquéreur ne pourra faire aucun paiement « du prix au préjudice des dites inscriptions, « qui auront toujours, ainsi qu'il a été dit ci- « dessus, la date du *contrat de mariage* ou de « *l'entrée en gestion* (du mariage ou de l'accep- « tation de la tutelle), et, dans ce cas, les inscrip- « tions des autres créanciers qui ne viennent « pas en ordre utile seront rayées. » Ces dispositions trouvent une application naturelle et facile, lorsque les droits de la femme ou du mineur sont ouverts contre les maris et tuteurs, et que le montant de leurs créances se trouve déterminé par la liquidation de la communauté ou par le compte de tutelle. Mais si, au moment de la purge, la communauté et la tutelle existent encore, les créances de la femme, du mineur, de l'interdit, ne sont qu'éventuelles quant à leur existence et quant à leur montant, on se trouve donc dans l'impossibilité de les colloquer, et, par suite, de rayer les hypothèques des créanciers subséquents.

Cette conséquence, toute logique qu'elle est, ne pouvait pas cependant être adoptée dans la pratique, autrement c'eût été retomber dans le système dont nous avons déjà fait ressortir tous les dangers, et qui aboutit à prohiber la purge des hypothèques légales des femmes et pupilles pendant la durée du mariage et de la tutelle.

Aussi la difficulté a-t-elle été tournée. Il suffit, pour obéir à la loi, que le paiement du prix, s'il en est fait un, ne puisse porter aucun préjudice aux femmes et aux mineurs, et plusieurs modes d'agir ont été proposés, qui, suivant les circonstances, conduisent également à ce résultat. D'abord, on admet que ce tiers détenteur dont le prix se trouve irrévocablement fixé par le défaut de surenchère dans les délais légaux, peut consigner ce prix, et obtenir par là la radiation de toutes les hypothèques qui grèvent son immeuble. On ne peut pas raisonnablement lui refuser le droit de faire cette consignation; tout le monde admet, en effet, que si ces hypothèques légales eussent été inscrites avant l'aliénation, les formalités de la purge ordinaire leur seraient applicables, et que, par conséquent, le tiers détenteur jouirait, en vertu de l'article 2186, de la faculté de consigner son prix et d'obtenir ainsi la libération de tous les privilèges et hypothèques; peu importe que l'inscription ne soit survenue qu'après l'aliénation, cela ne saurait restreindre les pouvoirs de l'acquéreur. Au lieu de déposer son prix, on admet généralement que cet acquéreur pourra le verser conditionnellement entre les mains des créanciers qui viennent immédiatement après les femmes et les pupilles, en leur faisant donner caution, pour le cas où ces créances éventuelles viendraient à naître, de leur restituer le prix qui doit leur revenir. Et ainsi on arrive à purger un immeuble des hypothèques légales qui peuvent le grever, et cela sans avoir besoin d'attendre la fin de la tutelle ou de la communauté. Cette solution n'est pas universellement admise, et bien des auteurs veulent obliger le tiers détenteur à conserver son prix jusqu'à la fin de la tutelle et de la communauté, et s'appuient, pour le décider ainsi, sur les termes de l'article 2195. Mais, comme nous l'avons déjà dit, cette interprétation nous semble contraire aux principes mêmes qui ont fait introduire la purge, et nous ne croyons pas violer la loi en permettant à l'acquéreur soit de consigner, soit de payer les créanciers subséquents en employant les formalités protectrices dont nous avons parlé. Si nous supposons actuellement que les femmes, mineurs, interdits, ne se contentent pas du prix qui leur est offert par l'acquéreur qui purge, mais qu'ils surenchérissent comme nous leur en avons reconnu le droit, cette réquisition doit revêtir les mêmes formes que la réquisition de surenchère des créanciers ordinaires, et est soumise aux mêmes règles; ainsi elle devra contenir soumission de porter ou faire porter le prix à un dixième en sus de celui qui aura été stipulé dans le contrat, elle devra être également adressée au précédent propriétaire débiteur principal, elle sera signée par le créancier requérant, et contiendra enfin l'offre de fournir caution.

Ici se termine la purge légale. Nous avons vu successivement comment tout acquéreur d'immeuble pouvait arriver à consolider sa propriété et à s'affranchir de tous les dangers d'expropriation que pouvaient lui faire courir les créanciers hypothécaires. Nous avons vu deux modes de purge différents entre eux suivant la nature des créances hypothécaires, suivant qu'il s'agissait d'une hypothèque ordinaire soumise pour son existence à une inscription, ou bien, au contraire, qu'il s'agissait d'une hypothèque légale dispensée d'inscription.

La purge légale telle qu'elle est réglée par le chapitre IX du Code civil est la plus incomplète, et nous avons eu maintes fois à signaler des lacunes regrettables que la pratique s'est efforcée de combler, mais qui n'en sont pas moins propres à jeter de l'incertitude dans la doctrine et à créer des discussions entre les auteurs. Ainsi, nous avons vu que des difficultés sérieuses pouvaient s'élever sur la possibilité de purger les hypothèques légales une fois inscrites; nous avons vu que cette possibilité une fois admise, il était encore difficile de préciser le délai dans lequel la réquisition de surenchère devait être adressée à l'acquéreur, et encore d'autres lacunes qu'il est inutile de rappeler ici. Il faut cependant remarquer aussi que l'art. 2194, en exigeant que le tiers acquéreur qui veut purger fasse aux créanciers non inscrits, mais dont il soupçonne l'existence, des notifications de son contrat, fasse afficher ce même contrat et en fasse insérer la teneur dans les journaux, prescrit des modes de publicité bien plus sérieux que l'article 2181 du chapitre précédent, qui n'exige que la simple transcription. Cette formalité suffit sans doute pour empêcher le contrat d'être occulte, mais, en définitive, elle n'est pas propre à le faire connaître aux créanciers qui n'ont encore pris aucune inscription. Nous pensons donc que c'est dans l'article 2194 que se trouvent les véritables modes de publicité, et que la simple transcription est insuffisante pour avertir tous les ayant-droits de l'intention où est l'acquéreur de purger. Cette insuffisance de publicité est du reste un peu corrigée dans la pratique, où s'est répandu l'usage de commencer par la purge des hypothèques légales, de sorte que les créanciers ordinaires sont avertis par les placards et par les insertions dans les journaux de la vente de l'immeuble et de la procédure qui va suivre, ce qui, pour eux, est en quelque sorte un supplément de publicité qui précède la transcription et corrige son insuffisance. On a parfois reproché à la procédure de la purge; considérée en général, la longueur et la multiplicité des opérations dont elle se compose. Nous ne sommes cependant pas touchés de cette considération, quand nous nous rappelons le résultat important et exceptionnel de la purge; elle consacre une exception formelle au droit de suite qui naît de l'hypothèque et enlève au créancier ce qui fait la plus grande sûreté de sa créance, son droit hypothécaire, en affermissant d'une manière définitive la propriété entre les mains de l'acquéreur. Il fallait tout à la fois consacrer ce droit au profit du tiers détenteur et faire en sorte que les créanciers en éprouvassent le plus léger préjudice possible : ce problème, dont on ne saurait nier la difficulté, nous semble résolu d'une manière satisfaisante; on y rencontre encore bien des imperfections, mais nous pensons qu'elles portent sur des détails, et qu'en définitive elles n'altèrent pas l'ensemble d'une manière sensible.

Ici doit se terminer notre travail : nous avons déjà, dans notre première partie, en parlant de la nécessité de la transcription, parlé de l'adjudication sur expropriation forcée; nous avons dit que cette adjudication pouvait en quelque sorte être considérée comme un mode particulier de purger les hypothèques, qu'elle devait s'appliquer aux hypothèques légales aussi bien qu'aux hypothèques soumises à l'inscription; que l'adjudicataire par suite d'expropriation forcée recevait l'immeuble affranchi de tous les droits que les créanciers de l'exproprié pouvaient avoir sur lui, et qu'en conséquence il était dispensé de faire transcrire son jugement d'adjudication. Nous n'avons pas à revenir sur cette matière, et nous persistons dans notre opinion, qui n'est pas celle de la pratique, mais que nous regardons comme suffisamment établie sur les considérations que nous avons fait valoir d'après M. Troplong et M. Tarrible.

APPENDICE.

Jusqu'ici nous n'avons parlé que de la purge des hypothèques, sans dire un mot de la purge des privilèges. Néanmoins, comme le chapitre 9 du Code civil, où sont énoncées les dispositions relatives à la purge, a pour titre : *Du mode de purger les propriétés des privilèges et hypothèques ;* comme, d'un autre côté, l'art. 834 du Code de procédure, qui joue un si grand rôle dans la procédure de la purge, ne s'adresse pas seulement aux créanciers hypothécaires, mais aux créanciers privilégiés eux-mêmes, ainsi qu'il est dit dans le second paragraphe de cet article; nous devons ici dire quelques mots du mode d'affranchir les immeubles des privilèges qui pèsent sur eux.

L'art. 834 du Code de procédure, en disant (*in fine*) : « Il en sera de même à l'égard des créanciers ayant privilèges sur les immeubles, » nous indique clairement que les mêmes principes de la purge ordinaire doivent également s'appliquer à la purge des privilèges; que, par conséquent, lorsque l'acquéreur d'un bien fait transcrire son contrat d'acquisition, il met les créanciers privilégiés comme les créanciers hypothécaires ordinaires, en demeure de s'inscrire dans la quinzaine de la transcription. Si ces créanciers privilégiés ont pris inscription, ils ont le droit de surenchérir dans le délai de quarante jours, fixé par l'art. 2185 du Code civil. Si, au contraire, ils n'ont pas pris inscription dans la quinzaine, leur droit de suite est éteint; ils ne peuvent plus inquiéter l'acquéreur ou les acquéreurs subséquents, ils sont déchus de la faculté de surenchérir, et l'immeuble est purgé de leurs privilèges.

Ces principes s'appliquent à tous les créanciers qui jouissent d'un privilège quelconque sur des immeubles, aux créanciers qui, en vertu de l'art. 2103, ont un privilège spécial sur certains immeubles, et à ceux qui, en vertu de l'art. 2104, ont un privilège général sur les immeubles de leur débiteur. Ces derniers, il est vrai, sont dispensés d'inscription par l'art. 2107; mais cette dispense ne peut évidemment avoir trait qu'au droit de préférence, elle doit subir une exception en matière de purge, et l'art. 834, dans la généralité de ses termes, s'adresse à tous les créanciers privilégiés, et les soumet à la formalité de l'inscription.

Ces diverses solutions, qui ne sont, du reste, que la conséquence des principes de la purge, ne peuvent pas être sérieusement contestées, et nous pensons qu'elles sont généralement admises. Nous sommes donc en droit de conclure que, relativement au droit de suite aucune différence ne sépare les privilèges des hypothèques, et qu'ils sont régis par les mêmes lois (1).

Jusqu'ici donc, pas de difficulté; mais l'article 834 a singulièrement compliqué la question pour ce qui est du droit de préférence, du droit que les créanciers peuvent avoir lors de la répartition du prix, en ajoutant : « Sans préjudice « des autres droits résultant aux vendeurs et « aux héritiers des articles 2108 et 2109 du Code « civil »

Que signifie cette double restriction? Pour ce qui est du vendeur, l'article 2108 nous en donne l'explication, et décide que lorsqu'il y a transcription de l'acte de vente qui le concerne, le vendeur n'a pas besoin de prendre inscription, et que son privilège se trouve conservé de plein

(1) Il faut cependant remarquer que le vendeur conserve son droit de suite indépendamment de toute inscription; c'est une exception unique, et sur laquelle nous allons revenir un peu plus bas (Voir du reste Grenier, t. 2, n. 377).

droit par la seule transcription. C'est, du reste, ce que dit M. Tarrible : « Le droit attribué au « privilège du vendeur par l'article 2108 du « Code civil, consiste en ce que ce privilège est « conservé par la transcription du titre d'aliéna- « tion, qui vaut inscription pour le vendeur. « L'article 834 du Code de procédure civile pré- « suppose la transcription, puisque la date de « celle-ci est le point de départ du délai de « quinzaine accordé pour s'inscrire ; et comme « cette transcription vaut inscription pour le « vendeur, il est évident que dans le cas d'une « vente unique le vendeur n'a nullement besoin « de répéter son inscription dans le délai de « quinzaine. » (*Transcription*, p. 108.) D'où il suit que le vendeur qui n'a pas fait transcrire son contrat, ou n'a pas pris inscription dans la quinzaine de la transcription (ceci se réfère au cas où le contrat transcrit est un contrat de vente subséquente), perd son privilège. Mais cette perte est-elle absolue, et le vendeur ne conserve-t-il pas un droit de préférence sur le prix ? Nous ne le pensons pas; car, d'après les principes, par défaut d'inscription dans la quinzaine l'immeuble passe à l'acquéreur purgé du privilège du vendeur. Le vendeur, en outre, ne peut pas conserver un droit de préférence sur le prix de l'immeuble sans une inscription sur cet immeuble, à défaut de la transcription de son contrat; or, cette inscription, comment la prendre? Sur quel immeuble? La purge est accomplie, elle a libéré le bien vendu des charges qui le grevaient, et c'est sans exception, ou du moins il faudrait une loi formelle pour nous la faire admettre, et c'est ce qui nous manque. Seulement, nous devons reconnaître au vendeur qui n'a pas été payé de son prix, le droit de demander la résolution de la vente en vertu de l'article 1654; mais ce droit n'a plus aucun rapport avec le privilège pour le paiement du prix dont nous nous occupons ici.

Passons actuellement à la seconde restriction de l'article 834 du Code de procédure, qui nous renvoie à l'article 2109 du Code civil. Ce dernier article dit qu'il suffit aux co-partageants de prendre inscription dans les soixante jours à compter de l'acte de partage, pour conserver leurs droits de créanciers privilégiés. Mais si, avant l'expiration de ce délai de soixante jours, l'immeuble sur lequel porte le privilège du copartageant est vendu et que l'acquéreur se hâte de remplir les formalités de la purge, le copartageant perdra son droit de suite s'il ne s'est pas inscrit dans la quinzaine qui suit la transcription; il n'aura plus le droit de surenchérir, c'est l'article 835 du Code de procédure qui le dit; mais en s'inscrivant dans les soixante jours du partage, il conservera son privilège sur le prix, il jouira donc d'un droit de préférence, bien que son droit de suite soit éteint.

Ce résultat nous semble fort bizarre, et nous pourrions reproduire ici toutes les raisons qui, tout-à-l'heure, nous ont conduit à décider que le vendeur dont le contrat n'avait pas été transcrit, et qui n'avait pas pris inscription dans la quinzaine dont parle l'article 834, perdait tout à la fois et le droit de préférence et le droit de suite, mais nous pouvions alors donner une autre explication au renvoi de l'art. 834 à l'art. 2108, au lieu qu'ici il n'y a aucun moyen d'expliquer le renvoi à l'art. 2109, à moins de reconnaître, comme nous le faisons, que le co-partageant peut s'inscrire même après la quinzaine qui suit la transcription, pourvu que ce soit dans les soixante jours de l'acte de partage, et conserve dans ce dernier cas un droit de préférence sur le prix. Il serait du reste assez difficile de ne pas admettre cette interprétation, quand on consulte le discours de M. Tarrible, orateur du tribunat : « Si la vente du fonds affecté à la soulte ou au « prix de la licitation était faite et transcrite « même pendant le délai de soixante jours « accordé au co-partageant, ce dernier ne con- « serverait la faculté de surenchérir envers le

« nouvel acquéreur, qu'en accélérant son ins-
« cription et en la plaçant au moins dans la
« quinzaine de la transcription de la vente.

« Ainsi, ce projet, ajoute le même orateur,
« *a distingué*, comme il le devait, *la faculté de*
« *surenchérir* qui est commune à tous les cré-
« anciers soit privilégiés, soit simplement hy-
« pothécaires, *d'avec le droit de préférence* sur
« le prix, qui est l'apanage des privilèges. La
« faculté de surenchérir envers le nouveau pro-
« priétaire est soumise pour tous à une règle
« uniforme, et le droit de préférence est con-
« servé aux privilégiés envers les autres cré-
« anciers, tel qu'il était auparavant. »

Ici se présente une difficulté nouvelle, qui nous donne une preuve de plus de la rédaction vicieuse et incomplète de l'article 834. Ce ne sont pas seulement les co-partageants de l'article 2109 qui ont, en vertu de la loi, un délai fixe pour s'inscrire : les légataires et les créanciers d'une succession qui demandent la séparation des patrimoines, ont, en vertu de la loi, six mois pour s'inscrire : or, il peut fort bien arriver pour eux ce que nous supposions à propos des co-partageants ; un des immeubles qui forment leur gage peut être vendu et purgé par l'acquéreur bien avant l'expiration de ces six mois, et, s'ils n'ont pas pris inscription dans la quinzaine de la transcription, faut-il admettre qu'ils ont perdu et le droit de surenchérir, et le droit de se faire payer sur le prix? ou bien faut-il leur accorder la faculté, en s'inscrivant dans les six mois, de venir comme créanciers privilégiés sur ce prix ?

Quelle que soit notre répugnance à admettre cette dernière opinion, que nous avons déjà combattue, à propos de la purge des hypothèques légales, nous pensons qu'en présence de la distinction si nettement formulée par M. Tarrible, dans son discours, il faut décider que l'article 834 a oublié de parler de l'article 2111, mais qu'il n'avait aucune raison pour ne pas s'y référer comme à l'article 2109, et nous proposons, en conséquence, d'admettre encore ici une exception aux principes généraux, et de décider que les créanciers et légataires de la succession conserveront, même après l'extinction de leur droit de suite, un droit de préférence sur le prix, par l'inscription dans les six mois de l'ouverture de la succession.

DROIT ROMAIN.

DU RANG DES CRÉANCIERS HYPOTHÉCAIRES ENTRE EUX.

(Dig., l. 20, t. 4.) Qui potiores in pignore, etc.

Chez les Romains comme chez nous, les créanciers pouvaient demander à leur débiteur, pour garantie de leur créance, un gage ou une hypothèque. Il y avait gage, quand le créancier obtenait la possession de la chose qui lui était donnée en garantie; si cette chose, au contraire, n'était pas mise en sa possession, il y avait hypothèque. Le débiteur qui consentait une hypothèque sur sa chose n'en perdait pas la propriété, il en conservait l'usage, jouissait des augmentations qui pouvaient survenir, et conservait la faculté de l'aliéner et de consentir sur elle de nouvelles hypothèques.

Le créancier hypothécaire jouissait d'une triple faculté : il pouvait faire vendre la chose, se faire payer sur son prix, de préférence aux autres créanciers, et enfin il pouvait suivre cette chose entre les mains des tiers détenteurs et exiger qu'on l'en mît en possession, pour qu'il pût la faire vendre.

Plusieurs créanciers d'un même débiteur peuvent avoir reçu une hypothèque sur une même chose, et il est d'une grande importance, dans ce cas, de fixer l'ordre dans lequel ces divers créanciers pourront exercer leurs droits. En effet, les créanciers hypothécaires ne jouissent pas concurremment de l'exercice de ces droits, ils ne viennent que chacun à leur tour, et le second ne peut agir qu'autant que le premier se trouve désintéressé ; aussi, chercherons-nous ici à déterminer les règles propres à fixer le rang des créanciers hypothécaires entre eux.

Une règle générale domine toute cette matière et peut en quelque sorte présenter le résumé de tout ce titre. Elle est ainsi formulée : *Prior tempore potior jure.* Aussi, est-ce le développement et l'application de ce principe, puis les exceptions qu'on a été contraint d'y apporter, que nous allons actuellement étudier.

CHAPITRE Ier.

COMMENT SE TROUVE-T-ON PREMIER CRÉANCIER HYPOTHÉCAIRE?

Il y a deux manières d'obtenir la première place entre tous les créanciers hypothécaires, c'est en se faisant donner hypothèque sur la chose avant tous les autres créanciers, ou bien en prenant la place du premier créancier et succédant à ses droits.

§ Ier. — *Règle :* PRIOR TEMPORE POTIOR JURE.

Celui qui, le premier, a obtenu du débiteur que la chose lui fût donnée en gage, est le premier créancier hypothécaire. Peu importe, du reste, que cette convention ait été faite purement et simplement ou sous condition, ou même qu'on lui ait imposé un terme, pourvu que le débiteur se trouve lié d'une manière définitive. Ainsi, je conviens avec mon débiteur que ma créance sera garantie par une hypothèque sur son bien, à partir du mois prochain; avant ce terme, mon débiteur consent une hypothèque sur ce même bien à un tiers, je n'en serai pas moins le premier. Car, dès le moment de notre convention, le débiteur était engagé envers moi, et l'hypothèque, pour être retardée jusqu'au mois prochain, n'en était pas moins certaine dès le moment de la convention. Liv. 20, t. 4, loi 12, § 2.

Il en est de même, du reste, lorsque c'est une condition et non plus un terme qui vient moe difier la convention, pourvu toutefois qu'il n- s'agisse pas d'une condition dont l'accomplissement dépende de la volonté du débiteur. D. 20, 4, l. 9, § 1. Ainsi, Gaius suppose que mon débiteur n'ait contracté avec moi et ne m'ait consenti une hypothèque que sous cette condition : *Sinavis ex Asiâ venerit;* puis, après cette convention passée avec moi, il contracte purement et simplement avec un tiers et lui accorde immédiatement une hypothèque sur le même bien : lorsque le navire reviendra d'Asie, je n'en serai pas moins premier créancier, par cette raison, dit le jurisconsulte, que la condition, en s'accomplissant, produit le même effet que si elle s'était accomplie au moment de la convention. D. 20, 4, l. 11, § 1. Papinien prévoit un cas analogue : Titius promet par stipulation une dot à un mari pour la femme qu'il épouse, mais, en même temps, il stipule du mari qu'en cas de prédécès de la femme, la dot lui reviendra, et le mari, pour sûreté de sa promesse, lui donne une hypothèque. Titius compte au mari une partie de la dot; le mari fait ensuite un emprunt à un tiers et lui hypothèque le même bien ; puis enfin, Titius paie au mari le restant de la dot. Voilà deux créanciers ayant hypothèque sur le même bien : quel sera leur rang? On décide que Titius viendra le premier pour la restitution de la dot, et que le tiers ne viendra qu'après l'entier désintéressement de Titius; et, en effet, bien que Titius ait fait deux versements, dès le moment où il a promis au mari de lui donner une dot, comme cette dot une fois promise ne peut plus être diminuée, le mari se trouve obligé à la restituer en cas de prédécès de la femme, et l'hypothèque est engagée. D. 20, 4, l. 1.

Mais il en est autrement, tant que celui qui consent l'hypothèque conserve par-devers lui la faculté de ne pas s'engager : ainsi, un fermier consent à son propriétaire une hypothèque sur tous les objets qu'il apportera sur son fonds, après quoi il hypothèque un des esclaves qu'il avait dans un autre lieu, à un tiers, puis il envoie cet esclave travailler sur le fonds qu'il a loué : quel sera le premier créancier hypothécaire sur cet esclave? Ce sera celui qui a obtenu une hypothèque spéciale sur lui, et non pas le bailleur; car le fermier, en consentant à celui-ci une hypothèque générale, ne s'était pas engagé à amener l'esclave sur le fonds, il dépendait de lui de ne pas faire peser sur cet esclave l'hypothèque du bailleur; cette hypothèque ne prendra donc rang que du jour où l'esclave a été amené sur le fonds. D. 20, 4, l. 11, § 2.

Nous devons observer ici qu'un acte dressé sous l'autorité d'un notaire, ou bien un acte souscrit par trois témoins d'une bonne réputation et qui constatent l'établissement d'une hypothèque, suffisent pour la faire passer avant toute autre constitution d'hypothèque, sans avoir égard à la date de cette dernière. C'est ce que dit positivement une ordonnance de l'empereur Léon, sanctionnée par Justinien. C. 8, 18, l. 11.

§ II. — *Jus offerendæ pecuniæ.*

Quand on n'est pas premier créancier hypothécaire, on peut, en désintéressant celui qui occupe cette première place, recueillir ses droits : ainsi, j'emprunte une somme d'argent à Titius, et je conviens que mon fonds lui sera engagé; puis j'emprunte à Mœvius, avec promesse qu'il aura sur mon fonds une hypothèque dans le cas où celle de Titius viendrait à cesser; enfin Tertius me prête de l'argent pour payer

Titius, à condition que mon fonds lui sera donné en gage et qu'il prendra la place de ce même Titius. Voici que la condition de l'hypothèque de Mœvius s'accomplit, puisque mon fonds n'est plus engagé à Titius, et cependant on décide que Tertius viendra le premier, car le droit de Titius n'est pas à vrai dire éteint, il n'a fait que passer sur la tête de Tertius. Du reste, Mœvius pouvait, s'il le voulait, désintéresser Titius et venir à sa place; il ne doit s'en prendre qu'à lui-même de ne l'avoir pas fait.

Mais il faut bien remarquer que pour prendre ainsi la place du premier créancier hypothécaire, il ne suffit pas d'avoir fourni au débiteur l'argent qui a servi à le désintéresser, il faut encore convenir expressément que la chose qui formait son gage vous sera hypothéquée, et qu'on prendra la place de ce créancier. Sans quoi, on ne jouirait pas de ce bénéfice, qui a été créé par les empereurs Sévère et Antonin, loi 1, au Code, *De his qui in prior. creditor.* C'est ce que fait observer le savant professeur Gérard Noodt, *Commentaire du livre 20, tit. I et suiv., page 350.*

Le même auteur nous fait remarquer, avec beaucoup de raison, que cette constitution de Sévère et d'Antonin, qui exige de celui qui a prêté l'argent à un débiteur dans le but de payer le créancier hypothécaire, une convention formelle pour pouvoir succéder aux droits de ce créancier, ne s'applique qu'aux tiers qui n'ont pas eux-mêmes une hypothèque sur ce bien. Mais quand c'est un second créancier hypothécaire qui désintéresse le premier, il lui succède complètement, sans avoir besoin de faire aucune convention avec le débiteur ; c'est ce qui résulte d'un rescrit de Sévère et d'Antonin à Secundus (Loi 1 au Code, tit. *qui potiores in pig.*) C'est aussi ce que dit d'une manière positive la loi 12, § 6, de notre titre, où Marcien, d'après Papinien, suppose qu'un second créancier hypothécaire désintéresse le premier, et décide que ce second créancier succédera au premier même malgré le débiteur, et ainsi la chose restera engagée à ce créancier, d'abord pour ce qu'il a payé au premier créancier, puis pour ce qui lui était dû à lui-même, puis pour les intérêts de sa créance, puis pour les intérêts qu'il a payés au premier créancier ; seulement les intérêts de ces derniers intérêts ne lui sont pas dus, car en désintéressant le premier créancier il a plutôt fait sa propre affaire que celle du débiteur, celui-ci ne lui doit donc rien : *Beneficium nullum est nisi quod ad nos primum aliqua cogitatio defert deinde amica et benigna.* (Senèque, liv. 6, chap. 7.)

Ainsi, au point de vue du *jus offerendi*, il y a une grande différence entre un second créancier hypothécaire et toute autre personne : le second créancier peut succéder au premier, malgré le débiteur, sans faire avec lui une convention expresse, par cela seul qu'il désintéresse le créancier placé avant lui; mais lui seul a ce droit, toute autre personne ne peut prendre la place du premier créancier hypothécaire, si elle n'est convenue que la même chose lui sera hypothéquée. Sinon, elle n'aura qu'une action personnelle; elle pourra bien recueillir le privilège en vertu duquel ce créancier passait avant les créanciers chirographaires, mais elle ne recueillera pas son action hypothécaire, et c'est en ce sens qu'on peut entendre ces paroles de Sévère et d'Antonin : *Non omnino succedunt in locum hypothecarii creditoris, hi quorum pecunia ad creditorem transit*. (Loi 1, C. *De his qui in prior*.)

§ III. — *Autres moyens de succéder à un créancier hypothécaire.*

Du reste, pour succéder à un premier créancier hypothécaire, il y a encore d'autres moyens que de fournir au débiteur de l'argent pour acquitter sa dette. On peut aussi se faire céder par ce créancier son droit hypothécaire, ou bien acheter la chose hypothéquée et satisfaire le premier créancier sur le prix.

Ainsi, une femme hypothèque son fonds, elle se marie, et donne son fonds en dot; elle transfère ainsi à son mari une propriété grevée d'hypothèque. Elle meurt, léguant son fonds à son mari et à ses enfants : le créancier agit contre le mari par l'action hypothécaire, et ce mari, en sa qualité de *justus possessor*, pourra forcer le créancier à lui céder sa créance; mais il est bon de remarquer ici qu'il faut être possesseur de bonne foi, *justus possessor*, pour obtenir cette cession, tandis que tout possesseur d'une chose hypothéquée peut repousser l'action du créancier hypothécaire par le simple paiement de sa créance; c'est ce que dit Paul, D. 20, 6, loi 12, § I, *qualiscumque possessor*.

Quand un créancier hypothécaire postérieur veut prendre la place d'un créancier antérieur, il faut nécessairement qu'il l'indemnise, et il ne suffirait pas que ce créancier postérieur eût gagné un procès contre le premier créancier; c'est ce que nous expose Paul, D. 20, 4, loi 16.

Il suppose trois créanciers ayant hypothèque sur le même immeuble, Primus, Secundus et Tertius. Tertius est en possession, Primus agit contre lui, il succombe et n'interjette pas appel. Secundus agit à son tour contre Tertius et finit par triompher. Dans quel ordre ces trois créanciers pourront-ils exercer leurs droits ? Certains jurisconsultes prétendaient que Tertius, en gagnant le premier procès intenté par Primus, devait succéder à Primus, et passer par conséquent avant Secundus ; Paul repousse cette opinion, en faisant observer que la décision intervenue entre Primus et Tertius ne peut, en aucune façon, nuire à Secundus ; il y a relativement à lui : *res inter alios judicata*. De même, Secundus ne peut pas se prévaloir de la décision intervenue en sa faveur dans le second procès qui a eu lieu entre lui et Tertius, autrement chaque créancier pourrait dire à son cocréancier : *vinco vincentem te, à fortiori vinco te*, et ce serait un cercle sans issue. Dans l'opinion de Paul, au contraire, on arrive facilement à une solution. Tertius est resté en possession, parce que Primus n'a pas pu triompher contre lui. Mais Secundus, en prouvant qu'il précède Tertius, se fera mettre en possession ; puis Primus, en agissant contre Secundus, et en prouvant sa priorité, se fera mettre à son tour en possession, et si Tertius veut agir désormais contre Primus, il ne pourra pas invoquer la chose jugée entre lui et Primus, car, dans ce premier procès, Tertius était défendeur, il n'avait rien à prouver, il n'a donc pas prouvé qu'il fût préférable à Primus, et ne peut aujourd'hui invoquer cette première décision.

Il arrive quelquefois qu'un créancier se succède à lui-même. Ainsi, la même maison est hypothéquée successivement à deux créanciers : le premier créancier fait novation avec le débiteur, et celui-ci lui hypothèque une seconde maison outre la première, comme garantie de la créance nouvelle, et Papinien décide que ce premier créancier conservera sur la première maison son rang primitif, qu'il sera traité comme le serait un tiers qui aurait fourni de l'argent au débiteur pour payer le premier créancier, et qu'ainsi il se succèdera à lui-même. D. 20, 4, loi 3. Scœvola donne la même solution dans la loi 21 du même titre, et fait de plus observer qu'un créancier hypothécaire conserve son droit intact, tant que la totalité de sa créance ne lui a pas été acquittée. Mais il faut faire ici attention que la créance qui seule doit être acquittée avant toute autre, c'est la première créance ; mais la créance nouvelle qui, par suite de la novation, est venue se joindre à l'autre, ne sera payée sur le prix de la chose que suivant sa date. (Voir Marcien, D. 20, 4, loi 12, § 5.

Pour savoir, du reste, quel est le créancie qui peut invoquer la priorité, ce n'est pas au moment où la créance est née, mais au moment où on a formé la convention d'hypothèque, qu'il faut se reporter. C'est ce que dit Marcien dans la loi 12 de notre titre, au § 10 : *nam et in pignore placet, si prior convenerit de pignore, licet posteriori res tradatur, adhuc potiorem esse priorem.*

Du reste, toutes les règles sur la priorité que nous avons exposées jusqu'ici en prenant pour exemple des hypothèques spéciales, s'appliquent également aux hypothèques générales. De deux créanciers, dit Papinien, dont l'un, Primus, a reçu hypothèque sur tous les biens du débiteur, et l'autre, Secundus, sur un seul fonds, Primus qui, le premier, a fait la convention, doit être préféré même sur le fonds spécialement hypothéqué à Secundus, et Secundus ne peut pas l'obliger à se faire payer d'abord sur les autres biens avant de se faire payer sur son fonds. Mais il en serait autrement si on était convenu que Primus ne pourrait se faire payer sur le fonds A qu'autant que les autres biens ne suffiraient pas à acquitter sa dette, et que le fonds A eût été spécialement hypothéqué à Secundus. D. 20, 4, loi 2.

Ce n'est pas seulement dans les hypothèques conventionnelles qu'on observe la règle de la priorié, c'est aussi dans les hypothèques judiciaires. Ainsi, Primus a reçu de son débiteur un gage, et, en conséquence, il sera préféré à Secundus, qui a saisi ce même gage par la *pignoris capio*, en vertu de l'ordre du magistrat. (La *pignoris capio* est une saisie opérée par ordre du magistrat comme punition contre un débiteur contumax, ou comme moyen d'exécution contre un débiteur qui ne paie pas la dette qu'il a avouée dans le délai fixé.) Il en serait de même si Secundus avait pris le gage par suite de la *missio in possessionem;* dans l'un comme dans l'autre cas, il y a *pignus pretorium*. A la décision que nous venons de donner et qui est extraite de la loi 10 au D. 20, 4, on oppose la loi 61 au D. 42, 1, qui dit : *In judicati actione, non prius ratio haberi debet ejus cui prior reus condemnatus fuerit.* Mais cette loi ne contredit en rien la loi 10 du titre *qui potiores*, car elle prévoit le cas où un débiteur a été condamné successivement vis-à-vis de deux créanciers, et décide que le créancier qui a obtenu le premier jugement ne sera pas préféré à l'autre; mais ici il ne s'agit que de l'exécution d'un jugement, et non pas d'un gage qui a été constitué par l'ordre du magistrat, ce qui est au contraire l'espèce prévue dans notre titre.

Si nous supposons qu'une même chose ait été donnée en gage à deux créanciers par un *non dominus*, puis que ce débiteur devienne propriétaire de la chose, le créancier préféré sera celui qui est le premier convenu du gage; mais si une même chose a été donnée en gage à deux créanciers, par deux débiteurs dont ni l'un ni l'autre n'était le véritable propriétaire, le créancier préféré sera celui qui est en possession. Bien entendu que pour qu'une question de priorité puisse s'élever entre deux créanciers, il faut qu'ils aient hypothèque sur une mme chose,ê sinon il ne peut pas y avoir de concours. (D. 20, 4, loi 3, § 2.)

CHAPITRE II.

DES CRÉANCIERS QUI CONCOURENT ENTRE EUX.

A côté de la première règle que nous avons posée : *Prior tempore potior jure*, nous devons en énoncer une autre, qui n'est, du reste, qu'un corollaire de la première : *Qui in pignore concurrunt tempore, concurrunt jure.* Ainsi, quand une même chose est hypothéquée en même temps à plusieurs créanciers, ils ont des droits égaux sur cette chose. Loi 20, §. 1, *de pign. act.*

Mais il est important de rechercher si ceux qui concourent sur une chose, ont reçu hypothèque sur cette chose à la fois ou séparément.

Ainsi, deux créanciers prennent hypothèque en même temps sur une même chose, on a décidé que cette chose était hypothéquée à chacun proportionnellement à sa créance; mais, pour régler leurs rapports avec les tiers détenteurs, on a fait une distinction. Si le fonds a été hypothéqué séparément à chacun pour le tout, ou si ce fonds a été hypothéqué en même temps à chacun, ils pourront agir chacun pour le tout; mais si le fonds ne leur a été hypothéqué qu'avec assignation de parts, chacun ne peut réclamer des tiers que la moitié de la chose hypothéquée.

Je vends une maison, et je conviens avec l'acheteur qu'outre le prix je toucherai une année du loyer, et cette créance est hypothéquée sur les gages fournis par le locataire : au bout de deux ans, le locataire n'ayant rien payé, on vend ses gages; qui sera payé le premier, moi ou l'acheteur? Naturellement, nous devrions nous partager le prix, car nos créances ont la même date. Cependant le jurisconsulte présumant que, d'après l'intention des parties, la chose devait m'être engagée en premier, décide que je serai payé avant l'acheteur; mais, en cas de convention contraire, nous serions payés concurremment. D. 20, 4, loi 13. Ce n'est donc pas, à proprement parler, une exception à la règle, mais une interprétation de volonté.

Pothier présente encore comme une exception à cette même règle la loi 28 *de jure fisci*, qui est ainsi conçue : *Si qui mihi obligaverat quæ habet habiturusque esset, cum fisco contraxerit, sciendum est in re posteà acquisità fiscum potiorem esse debere Papinianum respondisse, quod et constitum est : prævenit enim causam pignoris fiscus.*

Pothier pense que dans cette espèce mon débiteur n'a contracté avec le fisc qu'après avoir contracté avec moi, d'où il tire cette conséquence : *quod fiscus præfertur cœteris quibuscum concurrit tempore.* Mais G. Noodt propose une autre explication ; il fait remarquer que *contraxerit* se rapporte aussi bien au passé qu'à l'avenir, et, en conséquence, il suppose que mon débiteur avait déjà hypothéqué ses biens présents et futurs au fisc avant de me les hypothéquer, et alors il ne voit plus dans cette loi qu'une application du principe *prior tempore potior jure*, appliqué aux choses futures comme aux choses présentes.

CHAPITRE III.

EFFETS DE LA PRIORITÉ ENTRE CRÉANCIERS HYPOTHÉCAIRES.

C'est le créancier qui le premier aura obtenu la constitution du gage à son profit, qui triomphera dans l'action hypothécaire. S'il est en possession et que le second créancier intente contre lui l'action hypothécaire, il aura l'exception *Si non mihi ante, pignori hypothecæve nomine, sit res obligata*. Si, au contraire, c'est le second créancier qui est en possession, le premier pourra intenter contre lui l'action hypothécaire, et si le second créancier lui oppose l'exception *Si non convenit ut sibi res sit obligata*, il pourra répliquer, comme nous venons de dire, *Si non mihi ante*, etc... et ainsi il se fera mettre en possession. D. 20, 4, loi 12.

Ce n'est pas seulement le capital de la créance que garantit l'hypothèque, ce sont aussi les intérêts de cette créance. Ainsi, quand je reçois hypothèque pour une créance produisant intérêt, je suis préférable sur le gage au créancier qui a contracté après moi, non-seulement pour mon capital, mais aussi pour les intérêts, et même pour ceux qui ne sont échus que postérieurement à la convention de gage intervenue entre mon débiteur et le second créancier. D. 20, 4, loi 18. Cela tient à ce que l'hypothèque garantit même une obligation conditionnelle, dès que le débiteur s'est engagé d'une manière irrévocable.

Le principe de la priorité peut être invoqué contre tous les créanciers, même contre la république, c'est seulement après moi qu'on lui a consenti hypothèque. C'est ce que dit positivement la loi 3 au Code, *Qui potiores in pignore.*

L'empereur et le fisc sont également obligés de se soumettre à cette règle. Ainsi moi, créancier d'un marchand de marbre, je reçois de lui hypothèque sur les marbres qu'il vient d'acheter; ce marchand loue un magasin appartenant à l'Empereur; au bout de quelques années, comme ce locataire n'avait pas payé son loyer, le gérant des biens de l'empereur veut faire vendre les marbres pour que leur prix paie le loyer; mais Scevola décide que je puis retenir ces marbres, qui m'ont été hypothéqués en premier. (D. 20, 4, loi 21, § 1.)

Si la même chose a été hypothéquée d'abord à une cité, puis au fisc, la cité sera préférable au fisc, un particulier même lui serait préférable. (D. 20, 4, loi 8.)

Mais la règle *prior tempore potior jure* ne

peut pas être invoquée contre les créanciers qui ont une hypothèque privilégiée, ce qui nous conduit à étudier les exceptions à cette règle.

CHAPITRE IV.

EXCEPTIONS AUX RÈGLES DE LA PRIORITÉ ENTRE CRÉANCIERS HYPOTHÉCAIRES.

La première exception à cette règle *prior tempore potior jure*, consiste en ce que si moi, premier créancier hypothécaire de Titius, je consens à ce que Secundus reçoive une hypothèque sur la chose qui m'est déjà hypothéquée, Secundus me sera préféré comme créancier hypothécaire sur cette chose. Mais si Titius vient à payer Secundus, le jurisconsulte se demande si la chose me sera encore hypothéquée, et il décide que ce sera là une question de fait, suivant qu'en consentant à l'hypothèque de Secundus, je lui aurai abandonné mon rang ou mon gage (D. 20, 4, loi 12, § 4.)

Vient ensuite une autre exception au profit de celui qui a prêté de l'argent pour conserver le gage des créanciers antérieurs, et qui leur sera préféré comme ayant fait leur affaire : ainsi un vaisseau a été hypothéqué à plusieurs créanciers. Dans la suite, je prête une somme d'argent au propriétaire de ce navire pour l'équiper et le radouber; je serai préféré sur ce navire pour ma créance, bien que je ne vienne que le dernier en date; mon argent a conservé le gage des autres. D. 20, 4, loi 5. Mais pour cela, il faut que je sois convenu avec le propriétaire du navire que j'aurais aussi une hypothèque sur ce navire, autrement je ne serais qu'un simple créancier chirographaire.

De même si un pupille prête à un tiers de l'argent pour acheter une chose, les empereurs Sévère et Antonin ont décidé que le pupille aurait une hypothèque tacite sur cette chose, pour le remboursement de sa créance (D. 27, 9, loi 3), et même cette hypthèque du pupille sera une hypothèque privilégiée (D. 20, 4, loi 7.)

Mævius avait été chargé par Titius de lui acheter un fonds. Titius, avant d'avoir reçu de son mandataire la propriété de ce fonds, concède à Primus une hypothèque, puis il devient propriétaire de ce fonds, et enfin concède une hypothèque à Secundus. Dans cette espèce on décide que Primus sera préféré : il est vrai que Titius lui a donné hypothèque avant d'être propriétaire du fonds, mais on peut donner valablement hypothèque sur la chose d'autrui, pour le cas où on en deviendrait propriétaire.

Mais le jurisconsulte observe que Secundus pourrait payer à Mævius l'achat qu'il a fait, et, dans ce cas, il primerait Primus pour cette somme et pour les intérêts. A moins cependant que Primus ne désintéressât, lui aussi, Secundus, car un créancier postérieur pourra toujours prendre la place d'un créancier préférable, en le désintéressant. D. 20, 4, loi 3, § 1.

Ainsi, celui dont l'argent a servi à acheter un bien est préféré sur ce bien à tous les autres créanciers, mais pour cela il faut, à la différence du pupille, qu'il soit spécialement convenu que ce bien lui serait hypothéqué; c'est ce qui résulte d'un rescrit de Dioclétien. C. 8, 18, loi 7.

Viennent ensuite d'autres hypothèques privilégiées, disséminées dans différentes parties du Digeste, au profit de ceux qui ont prêté de l'argent pour la restauration d'un édifice, au profit de ceux qui ont prêté de l'argent pour l'achat d'un office, au profit de la femme pour la répétition de sa dot : cette dernière hypothèque pèserait et sur les biens dotaux et sur les biens personnels du mari. Et, de plus, il semble résulter de la novelle 97, au chap. 3 *in fine*, que ce privilège accordé aux femmes doit les faire passer avant les créanciers privilégiés, pour avoir fourni des deniers pour réparer la maison. Du reste, il y a des difficultés très-grandes pour préciser l'ordre qui doit régner entre les divers créanciers privilégiés. Presque chaque commentateur présente un système différent, et cette diversité s'explique quand on songe que les lois sur cette matière ont été successivement modifiées, et que telle opinion qui peut être vraie à telle époque, se trouve renversée par une constitution ou une novelle postérieure.

POSITIONS.

DROIT CIVIL.

1. — En cas de plusieurs ventes successives, le dernier acquéreur qui veut purger peut se contenter de faire transcrire son contrat, dans le cas où ce contrat contient les noms des précédents propriétaires.

2. — La réquisition de surenchère n'enlève pas au tiers acquéreur la propriété de l'immeuble qu'il purge.

3. — Le légataire particulier peut purger.

4. — Le tiers acquéreur qui purge doit offrir aux créanciers hypothécaires, dans ses notifications, outre le prix de la vente, les intérêts de ce prix.

5. — La femme qui n'a pas pris inscription dans les deux mois qui suivent l'affiche du

contrat dans l'auditoire du tribunal, perd tout à la fois son droit de suite et son droit de préférence sur le prix.

6. — Le mineur qui a consenti hypothèque sur son immeuble ne peut pas, devenu majeur, valider par un acte confirmatif cette constitution d'hypothèque avec rétroactivité.

7. — Les dix ans pour demander la rescision d'un partage d'ascendant, ne commencent à courir que du jour du décès de l'ascendant.

8. — Une femme peut laisser à son conjoint la moitié de sa fortune, si elle n'a qu'un seul enfant et qu'il soit né de leur mariage.

9. — L'époux contre lequel la séparation de corps est prononcée perd tous les avantages que son conjoint lui avait faits.

10. — Quand le conjoint d'un absent s'est remarié, ce mariage, en cas de retour de l'absent, peut être attaqué par l'absent de retour, le procureur impérial, et par les deux nouveaux conjoints.

11. — Tous les créanciers privilégiés, spéciaux ou généraux, sont mis en demeure de s'inscrire par la transcription de l'acte d'aliénation. S'ils ne prennent pas inscription dans

la quinzaine de cette transcription, ils perdent leur droit de suite et leur droit de préférence, à l'exception des créanciers des articles 2109 et 2111.

12. — Celui qui ne possède pas d'immeubles actuels peut cependant hypothéquer ses biens à venir.

DROIT CRIMINEL.

1. — En vertu de l'article 441 du Code d'instruction criminelle, la Cour de cassation a le droit d'annuler, sur la provocation du Gouvernement et au profit ou au préjudice des parties, les actes judiciaires, les arrêts, les jugements contraires à la loi.

2. — Quand un accusé du crime de bigamie invoque la nullité du second mariage, le juge criminel est compétent pour prononcer sur la validité ou la nullité de ce mariage.

3. — La citation donnée au prévenu par le ministère public ou la partie civile interrompt la prescription, lorsque le juge devant lequel il est cité est incompétent pour statuer sur le délit que la citation lui impute.

DROIT ROMAIN.

1. — Le fisc avait une hypothèque privilégiée pour ses créances contractuelles.

2. — Un créancier hypothécaire antérieur pouvait user du *jus offerendi* à l'égard d'un créancier postérieur.

3. — Le demandeur dans l'action en revendication devra prouver l'existence du droit de propriété dans la personne de son auteur.

4. — Celui qui, sciemment, a bâti une maison sur mon fonds, peut m'opposer l'exception *doli mali,* quand j'agirai en revendication, afin de me réclamer ses dépenses utiles, jusqu'à concurrence de la plus-value.

DROIT PUBLIC.

1. — Lorsque l'extradition a été accordée par un Gouvernement étranger pour le jugement d'un crime, on ne peut, au cas d'acquittement, retenir l'accusé pour le juger à raison des délits qui lui sont imputés.

2. — On ne peut poursuivre judiciairement un ambassadeur pour avoir commis un crime, même contre la sûreté de l'Etat.

3. — La caution *judicatum solvi* peut être exigée de l'étranger demandeur par l'étranger défendeur comme par le Français défendeur.

Vu par le Président de la thèse,

OUDOT.

Vu par le Doyen,

PELLAT.

Permis d'imprimer, le 28 février 1853 :

Le Recteur de l'Académie,

CAYX.

www.ingramcontent.com/pod-product-compliance
Ingram Content Group UK Ltd.
Pitfield, Milton Keynes, MK11 3LW, UK
UKHW012027240726
13965UKWH00002B/616